Johaneris Ávalos
Gabriel Rojas
Carlos Jacomino

A evolução das linguagens de programação

Johaneris Ávalos
Gabriel Rojas
Carlos Jacomino

A evolução das linguagens de programação

dos primeiros códigos à inteligência artificial

ScienciaScripts

Imprint

Cover image: www.ingimage.com

This book is a translation from the original published under ISBN 978-613-9-46739-6.

Publisher:
Sciencia Scripts
is a trademark of
Dodo Books Indian Ocean Ltd. and OmniScriptum S.R.L publishing group

120 High Road, East Finchley, London, N2 9ED, United Kingdom
Str. Armeneasca 28/1, office 1, Chisinau MD-2012, Republic of Moldova, Europe
Managing Directors: Ieva Konstantinova, Victoria Ursu
info@omniscriptum.com

Printed at: see last page
ISBN: 978-620-8-39517-9

Conteúdo

Para o leitor

Bem-vindo a uma viagem fascinante pela evolução do software e da programação! Neste livro, irá descobrir como passámos dos primeiros códigos binários para as complexas e poderosas ferramentas de inteligência artificial dos nossos dias. Guiá-lo-ei através de uma narrativa estruturada, em que cada capítulo revela a história e a transformação das linguagens de programação, o seu impacto na tecnologia e a forma como estes avanços moldaram o nosso mundo digital atual.

Começaremos por explorar os fundamentos, desde o sistema binário até às linguagens pioneiras como o FORTRAN e o COBOL, e passaremos aos paradigmas mais modernos e às linguagens mais influentes. Além disso, analisaremos o papel que as linguagens contemporâneas desempenham no desenvolvimento da inteligência artificial, mostrando como revolucionaram a análise de dados e a automatização.

Este livro foi concebido para ser um guia educativo e uma inspiração para os interessados em informática. Através de exemplos práticos e de uma abordagem histórica, o leitor mergulhará nas raízes da programação e compreenderá a sua importância no contexto atual. Cada capítulo está cuidadosamente organizado para que possa seguir o fio condutor do desenvolvimento tecnológico de uma forma clara e compreensível, tornando-o numa experiência de leitura enriquecedora.

Prepare-se para descobrir como o mundo da programação evoluiu e para onde nos levará no futuro!

Capítulo 1: Os primórdios do código - do binário ao assembler

A programação informática, uma prática quotidiana hoje em dia, tem as suas raízes num sistema fundamental que, à primeira vista, pode parecer extremamente simples, mas que, na realidade, está no centro de toda a computação: o código binário. Este sistema, baseado na lógica digital, é a chave para compreender como os sistemas electrónicos processam a informação. O código binário utiliza apenas dois símbolos, normalmente "1" e "0", para representar informações e executar instruções num formato que os dispositivos electrónicos podem facilmente interpretar. Embora atualmente o código binário seja omnipresente no desenvolvimento de software, nos sistemas operativos e em quase todas as aplicações digitais, as suas origens estão profundamente enraizadas na história do pensamento humano. Compreender este sistema implica explorar as suas origens históricas, a sua evolução e, em particular, as contribuições de certos matemáticos e filósofos cuja visão lançou as bases sobre as quais o mundo digital seria construído. A história do código binário é, neste sentido, um reflexo de como a lógica abstrata e a inovação matemática moldaram as ferramentas que hoje consideramos essenciais para a vida moderna.

Um dos primeiros a abordar ideias semelhantes ao sistema binário foi o matemático e gramático indiano Pingala, ativo por volta do século III a.C. Este matemático, cujo trabalho se centrava na análise de métricas poéticas, desenvolveu um sistema que, embora não fosse binário no sentido moderno de representação de números, apresentava uma estrutura lógica de dois estados que é análoga aos conceitos que mais tarde inspirariam o desenvolvimento do código binário. De acordo com Franco (2008), Pingala "fez a mais antiga descrição conhecida do sistema binário, coincidindo com a descoberta do número zero". Na sua obra *Chandaḥśāstra*, dedicada ao estudo da métrica poética sânscrita, Pingala utilizou um esquema dual baseado na combinação de sílabas longas e curtas para gerar padrões métricos. Este esquema duplo não se destinava a fins numéricos, mas sim a uma ferramenta linguística, mas, de uma perspetiva moderna, revela um nível surpreendente de sofisticação e antecipa os princípios básicos da lógica binária.

Pingala atribuiu valores específicos a cada tipo de sílaba: "guru" (longa) e "laghu" (curta). Estes valores não eram usados para fins numéricos, mas eram aplicados na construção de padrões poéticos. No entanto, possuíam uma estrutura lógica de dois estados, que é análoga ao "1" e ao "0" do código binário moderno, embora não fossem considerados em termos de aritmética ou lógica computacional no sentido atual. Como Ifrah (2001) salienta, "o sistema métrico de Pingala pode ser considerado uma aplicação primitiva da lógica binária". Embora não tivesse as ferramentas ou a intenção de aplicar o seu sistema no domínio matemático que conhecemos hoje, as suas ideias iniciais e a estrutura dos seus padrões duais mostram uma compreensão incipiente dos princípios que, séculos mais tarde, formariam a base da lógica computacional. Este tipo de pensamento binário aplicável numa base linguística, embora limitado, representa um avanço significativo no reconhecimento de padrões duais no conhecimento humano, o que é destacado pelos estudiosos da história da matemática. Como sugere Joseph (2000), o trabalho de Pingala evidencia uma compreensão precoce dos princípios binários que seriam cruciais na lógica computacional séculos mais tarde.

A compreensão de uma estrutura de dois estados, como a introduzida por Pingala no contexto da métrica poética, encontrou um novo desenvolvimento muitos séculos mais tarde no trabalho de Gottfried Wilhelm Leibniz, um filósofo e matemático alemão do século XVII, que é considerado o fundador do sistema binário moderno. Ao contrário do esquema dual de Pingala, que era predominantemente linguístico e aplicado a padrões poéticos, Leibniz desenvolveu um sistema de números binários que podia ser utilizado no domínio da matemática. A sua versão do sistema binário é essencialmente a mesma que é utilizada atualmente na computação moderna. Leibniz não só viu o sistema binário como uma ferramenta matemática prática, mas também atribuiu aos números um simbolismo mais profundo, com conotações filosóficas e teológicas. Acreditava que a utilização de "uns" e "zeros" simbolizava a criação a partir do nada, um conceito que para ele era fundamental tanto para a sua visão da realidade como para a sua conceção de Deus. Isto levou-o a desenvolver uma teoria do código binário como expressão de uma forma pura e minimalista de matemática.

Na sua *Explication de l'Arithmétique Binaire* (1703), Leibniz propôs que o sistema binário representava a forma mais pura e simples de matemática, uma vez que utilizava o mínimo de elementos necessários para criar o mundo dos números. Leibniz afirmava: "O sistema binário representa a forma mais pura e simples de matemática possível, uma vez que emprega o mínimo de elementos necessários para criar o mundo dos números" (Leibniz, 1703, p. 12). A sua afirmação revela não só um interesse pela eficiência do sistema binário, mas também pela ideia de que toda a realidade poderia ser descrita por uma estrutura matemática simples, universal e binária. Esta abordagem filosófica realça o ideal de economia na matemática, e a sua visão do sistema binário como manifestação de uma ordem primordial que une o matemático ao divino é fundamental para compreender o seu entusiasmo por esta inovação matemática. Segundo Russell (1945), "Leibniz via no sistema binário uma aproximação a uma verdade universal que reflectia os princípios da criação".

O desenvolvimento do sistema binário foi um avanço significativo no domínio da matemática, que acabaria por influenciar profundamente o mundo da computação e a forma como interagimos com a tecnologia. O salto das aplicações métricas de Pingala para as aplicações matemáticas e filosóficas de Leibniz marca uma evolução não só na compreensão dos padrões binários, mas no seu potencial para representar uma grande variedade de conceitos abstractos e numéricos. Esta transição para um sistema numérico universal e simbólico demonstra como ideias aparentemente simples podem evoluir e tornar-se altamente relevantes ao longo do tempo. Atualmente, o código binário é a base da computação e é utilizado para representar tudo, desde texto e números a imagens e sons, através de sistemas digitais. A capacidade de representar toda esta variedade de dados usando apenas dois símbolos, "1" e "0", mostra a elegância da ideia original de Leibniz e a intuição primordial de Pingala, que, embora separados por séculos e contextos culturais, partilharam a visão de um sistema baseado em padrões de dois estados.

Finalmente, George Boole desenvolveu a álgebra booleana em 1854, fornecendo uma forma algébrica para a manipulação de proposições lógicas no seu *An Investigation of the Laws of Thought*. Embora inicialmente sem aplicação prática, em 1938 Claude E. Shannon utilizou-a para criar a álgebra de comutação, demonstrando a sua utilidade na conceção de circuitos lógicos de controlo para sistemas eléctricos biestáveis, como relés e interruptores. Este tipo de álgebra é fundamental para os sistemas automatizados modernos, como os computadores e os sistemas telefónicos. Os sinais digitais, especialmente os sinais binários, representam a informação em dois estados (ligado-desligado, verdadeiro-falso, 1-0), essenciais para a codificação em sistemas digitais (Jimenez, 2008).

O trabalho de Boole é considerado um dos primeiros passos na unificação da lógica e da matemática, lançando as bases da computação moderna. Como explica Russell (1945), "a invenção da álgebra booleana não só influenciou a lógica e a filosofia, como também foi fundamental para o desenvolvimento dos sistemas electrónicos modernos, permitindo a construção de sistemas complexos através do controlo de operações binárias simples" (p. 255). A aplicação da álgebra booleana é, portanto, fundamental para a programação, conceção e otimização de circuitos digitais, bem como para a organização lógica dos dados em sistemas informáticos.

O sistema binário é um sistema de numeração que utiliza apenas dois dígitos: 0 e 1. Ao contrário do sistema decimal, que utiliza dez dígitos (0 a 9), o sistema binário baseia-se na base 2. Este sistema representa todos os valores numéricos por combinações destes dois dígitos, o que o torna particularmente adequado para a implementação em sistemas digitais e computadores, onde os estados eléctricos de ligado e desligado são usados para simbolizar os valores de "1" e "0", respetivamente (Leibniz, 1703). Através desta dualidade de estados, o sistema binário consegue uma adaptação óptima no campo da computação, uma vez que é inerentemente compatível com circuitos eléctricos, que funcionam através de fluxos de corrente ou da sua ausência, idealmente representados pelos valores binários de "ligado" (1) e "desligado" (0).

Para além da sua estrutura lógica simples e direta, o sistema binário tem uma grande capacidade de lidar com operações complexas, combinando longas sequências de uns e zeros. Neste sentido, o sistema binário não é apenas uma forma de numeração, mas também uma ferramenta para representar e executar processos lógicos e aritméticos em sistemas digitais. Cada dígito binário, ou bit, actua como um interrutor que pode ser combinado com outros bits para gerar padrões complexos, representando dados, instruções ou resultados de cálculos informáticos. Este facto confere ao sistema binário uma versatilidade inigualável em termos de eficiência, minimizando a ambiguidade e maximizando a clareza na representação da informação para processamento.

Principais caraterísticas do sistema binário

Base 2: O sistema binário é um sistema de base 2, o que significa que cada posição num número binário representa uma potência de 2, começando pela direita com 202^020, 212^121, 222^222, e assim por diante. Assim, o número binário 101 em decimal representa:

$$1 \times 22 + 0 \times 21 + 1 \times 20 = 5$$

Representação simbólica simples: Como são necessários apenas dois símbolos, o sistema binário é simples e eficiente para representar dados em sistemas digitais. Cada dígito binário, ou "bit", é a unidade mínima de informação num computador e pode representar dois estados: ativo (1) ou inativo (0). Esta dualidade torna-o particularmente adequado para a eletrónica e a computação, onde os circuitos utilizam estados "ligado" e "desligado" (Morris & Ma, 2015).

Operações lógicas: O sistema binário presta-se a operações lógicas simples, como AND, OR e NOT, permitindo a construção de circuitos lógicos digitais. Estas operações são fundamentais na conceção de processadores e na implementação de algoritmos computacionais. Como descrito por Morris e Ma (2015), "o sistema binário permite efetuar cálculos complexos através de combinações de operações lógicas, que são a base do processamento informático" (p. 34).

Aplicação em informática e armazenamento de dados: Uma vez que os dados podem ser representados por sequências de bits, o sistema binário permite codificar não só números, mas também caracteres, imagens e sons. Por exemplo, no sistema ASCII, cada carácter é representado por uma sequência de 8 bits, enquanto no sistema de cores RGB, cada canal de cor é expresso por um byte de 8 bits (Morris & Ma, 2015).

Expansibilidade e eficiência no processamento de dados: Uma das principais vantagens do sistema binário é o facto de permitir o armazenamento e o processamento eficientes de grandes volumes de dados. A representação binária da informação facilita a conceção de algoritmos e o desenvolvimento de sistemas de armazenamento que podem organizar e manipular grandes quantidades de informação de forma rápida e precisa (Knuth, 1997).

O sistema binário, que utiliza apenas os dígitos 0 e 1, é a base fundamental sobre a qual assenta toda a tecnologia digital moderna. A sua simplicidade e eficiência na representação de dados fizeram dele o sistema ideal para o processamento de informação nos primeiros computadores electrónicos. Através de uma série de inovações na década de 1940, o sistema binário evoluiu de uma abstração matemática para uma ferramenta prática na computação, servindo como linguagem básica que os computadores utilizam para executar operações lógicas e aritméticas (Ceruzzi, 2003).

Os primeiros computadores electrónicos, como o ENIAC (Electronic Numerical Integrator and Computer) e o EDVAC (Electronic Discrete Variable Automatic Computer), marcaram uma mudança radical na tecnologia ao utilizarem componentes electrónicos em vez de mecânicos. No entanto, foi o EDVAC, concebido em 1945, que adoptou efetivamente o sistema binário em vez do sistema decimal, o que melhorou significativamente a sua eficiência e fiabilidade (Williams & Kilburn, 1951). A escolha do sistema binário permitiu simplificar a conceção dos circuitos lógicos dos computadores, reduzindo a complexidade das operações e os recursos necessários para representar dados e efetuar cálculos.

Von Neumann, um dos pioneiros da arquitetura dos computadores, propôs que um computador deveria ter uma estrutura de "programa armazenado", em que as instruções são codificadas em binário juntamente com os dados. No seu relatório de 1945, Von Neumann afirmou que "a utilização de código binário e a organização de programas armazenados são essenciais para o desenvolvimento de máquinas de processamento de informação rápidas e fiáveis" (Aspray, 1990, p. 34).

A adoção do sistema binário também facilitou a utilização de operações lógicas simples, como AND, OR e NOT, que podem ser implementadas em circuitos eléctricos. Shannon, na sua tese de mestrado de 1937, demonstrou como a álgebra booleana podia ser aplicada a circuitos eléctricos através de interruptores que representavam os estados binários "ligado" (1) e "desligado" (0). Nas palavras de Shannon, "a representação binária é natural para os circuitos eléctricos, uma vez que a comutação entre dois estados permite um controlo lógico preciso e fiável" (Shannon, 1937, p. 12). Esta teoria foi essencial para a criação de circuitos lógicos e memórias nos primeiros computadores, permitindo que o sistema binário fosse a base das operações digitais.

Com os avanços tecnológicos que permitiram o desenvolvimento de transístores e circuitos integrados na década de 1950, o binário tornou-se a linguagem universal da computação digital. A natureza binária do processamento digital facilitou a miniaturização e a eficiência das operações, resultando no desenvolvimento de computadores mais rápidos e compactos. De acordo com Tucker (2004), "a eficiência do sistema binário permite uma gestão óptima dos recursos nos sistemas de processamento modernos, consolidando o seu papel como pedra angular da tecnologia digital" (p. 58).

A computação contemporânea continua a basear-se nesta estrutura binária, que permite que tudo, desde o hardware ao software, funcione de forma coerente e eficiente. Como Ceruzzi (2003) descreve, "a escolha do sistema binário nos primeiros computadores não só resolveu limitações técnicas, como também estabeleceu um padrão que perdurou ao longo da história da computação" (p. 77). A versatilidade e a precisão do sistema binário continuam a ser fundamentais para os sistemas digitais actuais, desde os dispositivos de consumo até aos supercomputadores.

Um **bit**, ou "*dígito binário*", é a unidade de informação mais pequena num sistema digital. Cada bit tem apenas dois valores possíveis: 0 ou 1, representando os estados binários "desligado" e "ligado" em termos eléctricos (Patterson & Hennessy, 2013). Esses bits são agrupados em conjuntos de oito, chamados **bytes**. De acordo com Stallings (2015), "um byte é a unidade básica de armazenamento usada pelo sistema binário para representar e manipular informações em blocos gerenciáveis" (p. 74).

Um byte pode armazenar 256 combinações diferentes (2^8), permitindo que os dados sejam representados de forma mais compacta e eficiente. Esta capacidade de um byte representar múltiplas combinações é essencial na codificação de caracteres, números e outros tipos de dados. Ao conter até 256 valores diferentes, um único byte permite armazenar uma vasta gama de dados de forma económica em termos de espaço, o que é essencial para o processamento e armazenamento de informações digitais. Esta versatilidade do byte permite criar ficheiros binários que podem armazenar desde texto e números até conteúdos multimédia. É precisamente nestes ficheiros binários que a capacidade de um byte representar diferentes valores se torna uma pedra angular da tecnologia digital moderna, uma vez que todos os dados, sejam eles imagens, sons ou documentos, podem ser representados através de combinações de uns e zeros num quadro organizado e eficiente (Brookshear & Brylow, 2014). Isto permite que os sistemas informáticos utilizem ao máximo o espaço de armazenamento e a capacidade de processamento, optimizando assim o tratamento de grandes volumes de dados.

A importância do byte estende-se ao seu papel nos esquemas de codificação de diferentes tipos de dados. Através de várias técnicas, o sistema binário permite a representação de diferentes tipos de informação em padrões de bits específicos que podem depois ser interpretados por máquinas. Desde números a caracteres de texto e cores em imagens, o sistema binário e as suas muitas combinações possíveis deram origem a normas de codificação que permitem aos sistemas informáticos interpretar e manipular informações de forma precisa e consistente. Estes esquemas de codificação são essenciais para que os dados sejam representados e processados de forma uniforme entre aplicações e plataformas, permitindo a interoperabilidade em ambientes digitais.

Exemplos de codificação binária

O sistema binário permite que diferentes tipos de dados sejam representados em formatos que podem ser interpretados por computadores, facilitando a codificação de números, texto e imagens através de metodologias de conversão específicas. A conversão de dados binários fornece uma estrutura simples mas poderosa para a codificação, garantindo a integridade e a exatidão das informações trocadas entre sistemas.

1. Números: Os números são representados em binário utilizando o sistema de base 2, em que cada posição num dígito representa uma potência de 2, começando em 202^020 na posição mais baixa. Este método é semelhante ao sistema decimal, exceto que apenas são utilizados os dígitos 0 e 1. Por exemplo, o número decimal 10 é representado em binário como 1010, uma vez que: 1×23+0×22+1×21+0×20=10 (Williams, 2020). Esta notação permite aos computadores efetuar cálculos de forma eficiente, reduzindo os valores a dois estados possíveis, facilitando as operações de armazenamento e processamento. A simplicidade do sistema binário permite ainda que os cálculos e as operações

lógicas sejam efectuados rapidamente e sem margem para erros, contribuindo assim para a precisão dos sistemas digitais.

2. **Texto (codificação ASCII)**: Os caracteres de texto são representados em binário utilizando sistemas de codificação como o ASCII (American Standard Code for Information Interchange), em que a cada carácter alfabético, numérico ou símbolo é atribuído um valor binário específico, ocupando normalmente um byte. Assim, a letra "A" é representada por 01000001, enquanto a letra "B" é representada por 01000010 (Forouzan, 2013). Esta codificação é essencial, pois permite que o texto seja armazenado, interpretado e manipulado de forma consistente entre diferentes sistemas informáticos, mantendo assim a integridade da mensagem em qualquer ambiente digital. O ASCII foi a primeira norma que tornou possível a comunicação eletrónica de texto e continua a ser uma das bases fundamentais da codificação de caracteres. Devido à sua simplicidade e uniformidade, o ASCII permite que qualquer carácter seja universalmente reconhecido em sistemas compatíveis, facilitando a criação de documentos de texto, correio eletrónico e outros meios de comunicação.

3. **Imagens (formato RGB)**: No caso das imagens, a representação das cores em formato binário é conseguida através de esquemas como o modelo de cor RGB, em que cada cor é expressa num byte que representa a sua intensidade nos canais vermelho, verde e azul. Cada uma destas cores pode variar em intensidade de 0 a 255, permitindo um esquema de cores versátil e pormenorizado em gráficos digitais. Por exemplo, o vermelho puro é codificado como 11111111 00000000 00000000, onde os primeiros oito bits representam o vermelho na sua intensidade máxima e os outros dois canais são definidos como zero, indicando a ausência de

verde e azul (Gonzalez & Woods, 2018). Este tipo de codificação é essencial na criação de gráficos e fotografias digitais, pois permite um controlo preciso da composição das cores numa imagem, facilitando a edição, visualização e armazenamento num formato universalmente compatível com a maioria dos dispositivos electrónicos. A capacidade dos bytes para codificar informação de cor em alta resolução permitiu o avanço da indústria visual e o desenvolvimento de tecnologias como os ecrãs de alta definição e as câmaras digitais.

Esta capacidade do sistema binário para codificar vários tipos de dados permite a versatilidade e a eficiência da tecnologia digital no armazenamento, transmissão e processamento de informação em aplicações informáticas e de telecomunicações.

O sistema binário, que utiliza apenas dois dígitos, 0 e 1, é a base essencial da tecnologia digital e dos sistemas informáticos actuais devido às suas muitas vantagens em termos de simplicidade e eficiência. Esta simplicidade permite que os dispositivos electrónicos processem os dados rapidamente e sem erros, uma qualidade crucial num ambiente em que a velocidade e a precisão são fundamentais. A representação binária foi amplamente adoptada nos sistemas digitais modernos precisamente porque os seus dois estados possíveis, "1" e "0", reflectem diretamente os dois estados de tensão que os circuitos electrónicos podem manter: ligado e desligado, ou alta tensão e baixa tensão. Este sistema tornou-se uma parte fundamental da conceção de circuitos electrónicos, uma vez que simplifica a interpretação dos dados e facilita a redução de erros no processamento, tornando-o altamente fiável para operações informáticas complexas.

A escolha deste sistema binário não foi arbitrária; surgiu como uma solução natural e óptima para as necessidades dos sistemas electrónicos. A utilização de apenas dois estados reduz significativamente a complexidade dos circuitos, eliminando a necessidade de vários níveis de tensão que podem representar outros dígitos ou estados. Em vez disso, com um sistema binário, os engenheiros podem tirar partido desta simplicidade para construir circuitos mais estáveis e menos propensos a falhas, algo que é especialmente importante na computação moderna, onde a velocidade de processamento tem de ser extremamente elevada. Desta forma, o sistema binário não só simplifica os circuitos, como também maximiza a eficiência de processamento em dispositivos digitais, estabelecendo-se como a escolha lógica e natural para a tecnologia digital.

Vantagens

Simplicidade nos circuitos electrónicos

Uma das principais vantagens do sistema binário é a sua capacidade de representar estados simples, o que é particularmente adequado à estrutura e funcionamento dos circuitos electrónicos. Esta simplicidade reside no facto de os circuitos electrónicos funcionarem através de uma lógica de dois estados: "ligado" e "desligado", que em binário são representados por 1 e 0. Na eletrónica digital, esta abordagem simplifica a construção e o projeto de circuitos lógicos, uma vez que os dispositivos podem funcionar apenas com tensões altas e baixas, caraterística que optimiza o desempenho e a estabilidade do sistema. Como referido em Stallings (2015), os transístores, que são os componentes fundamentais dos circuitos lógicos, funcionam alternando entre dois estados: condução (representado por 1) ou não-condução (representado por 0). Estes estados permitem que os circuitos electrónicos tratem os dados de forma clara e precisa, reduzindo simultaneamente os riscos de erro associados às variações dos níveis de tensão.

Esta abordagem binária também simplifica a conceção e o fabrico de dispositivos electrónicos. Ao limitarem-se a apenas dois níveis de tensão, os engenheiros podem criar circuitos mais simples, reduzindo a complexidade e o custo de produção. Além disso, os sistemas digitais binários são mais tolerantes a pequenas variações de tensão, uma vez que qualquer sinal acima de um determinado limiar é interpretado como "ligado" ou "1", enquanto os sinais abaixo desse limiar são interpretados como "desligados" ou "0". Esta diferenciação clara facilita a deteção de sinais corretos e minimiza o risco de erros no processamento de dados, um aspeto crítico em aplicações de alta precisão, como as encontradas na tecnologia médica ou na exploração espacial.

Devido a estas vantagens, o sistema binário permitiu o desenvolvimento de dispositivos que funcionam a velocidades extremamente elevadas e com grande precisão, factores que são essenciais no mundo da informática moderna. A simplicidade inerente a este sistema não só facilita a interpretação e o processamento de dados, como também permite o desenvolvimento de aplicações informáticas complexas que podem ser executadas de forma fiável em dispositivos digitais de todos os tipos. Desde o armazenamento de dados até à execução de operações lógicas e aritméticas, a eficiência do sistema binário nos circuitos electrónicos é o que tem permitido a massificação e o avanço da tecnologia digital em múltiplos campos da vida moderna.

Redução de erros

A utilização do sistema binário também minimiza os erros na transmissão e no processamento de dados. Ao contrário de outros sistemas numéricos mais complexos, o sistema binário é menos suscetível a erros porque se baseia em dois valores claramente distintos, o que reduz a possibilidade de má interpretação. Por exemplo, na transmissão de dados através de fios ou redes, os sinais podem ser degradados devido a interferências ou perdas, mas a diferença clara entre os valores binários permite que os sistemas de correção de erros identifiquem e reparem quaisquer distorções (Tanenbaum, 2013).

Como explicam Brookshear e Brylow (2014), "o sistema binário permite que as técnicas de deteção de erros, como os bits de paridade e os códigos de correção, sejam aplicadas eficazmente, aumentando a fiabilidade da transmissão de dados" (p. 102). Isto porque, com apenas dois estados possíveis, é mais fácil identificar erros e recuperar de falhas, o que é essencial em aplicações onde a precisão e a integridade dos dados são críticas.

Em resumo, o sistema binário é uma ferramenta poderosa na tecnologia digital atual. A sua simplicidade facilita a conceção de circuitos electrónicos e ajuda a reduzir os erros na transmissão e processamento de dados, tornando-o o sistema numérico ideal para aplicações electrónicas e informáticas.

Embora o binário seja a linguagem que os computadores "compreendem" nativamente, a sua utilização direta para a programação é altamente impraticável para os seres humanos devido à complexidade da interpretação e manipulação de longos conjuntos de uns e zeros (Stallings, 2015). Programar diretamente em binário era moroso e propenso a erros, especialmente em programas complexos em que cada instrução tinha de ser representada manualmente em código binário. Isto levou à necessidade de linguagens de baixo nível que permitissem uma interface mais acessível para os programadores, mantendo-se ao mesmo tempo próximas do hardware da máquina (Brookshear & Brylow, 2014).

A linguagem assembly surgiu em resposta a esta necessidade. Ao contrário do código binário, que utiliza apenas zeros e uns, o assembly utiliza um conjunto limitado de instruções simbólicas que correspondem diretamente a operações de código de máquina. Esta abordagem simplifica muito o processo de escrita de programas, permitindo que os programadores usem palavras de código ou "mnemónicas" para representar operações como adicionar, mover dados e comparar valores, em vez de lidar diretamente com sequências de dígitos binários (Patterson & Hennessy, 2013).

A linguagem de montagem é um tipo de linguagem de baixo nível que actua como ponte entre o código de máquina e as linguagens de programação de alto nível. Cada instrução assembly é traduzida diretamente para uma instrução de código de máquina específica da arquitetura do processador. Este processo é realizado por um programa chamado **assembler**, que converte as instruções simbólicas do assembler em código binário que o processador pode executar diretamente (Tanenbaum, 2013).

Nas palavras de Tucker (2004), "o assembler facilita a escrita de programas, fornecendo uma notação simbólica que torna o código mais compreensível e manejável para os humanos" (p. 42). Isto significa que, em vez de trabalhar com números binários enigmáticos, os programadores podem utilizar termos que reflectem mais claramente a função de cada instrução. Por exemplo, uma instrução como ADD em assembler pode representar uma operação de adição no processador, eliminando a necessidade de memorizar o seu equivalente binário (Stallings, 2015).

A capacidade do assembler para "traduzir" instruções simbólicas em código binário constituiu um avanço significativo na interação homem-máquina, permitindo uma comunicação eficiente e direta com o hardware sem comprometer o desempenho. Ao contrário das linguagens de programação de alto nível, o assembler caracteriza-se pela sua proximidade da linguagem de máquina, que permite um controlo pormenorizado do hardware e das operações individuais realizadas pelo processador. Esta caraterística torna o assembler essencial em áreas em que o controlo preciso e direto do hardware é essencial, como no desenvolvimento de sistemas operativos, controladores de dispositivos e aplicações incorporadas. Embora as linguagens de alto nível, como C e Python, proporcionem uma maior abstração, facilitando aos programadores o trabalho com estruturas de dados complexas e algoritmos avançados sem se preocuparem com detalhes específicos do hardware, o assembler continua a ser relevante e crucial em situações em que o desempenho e o controlo detalhado do sistema são prioritários. Brookshear e Brylow (2014) salientam que esta proximidade com o hardware é o que torna o assembler uma ferramenta essencial no desenvolvimento de sistemas de baixo nível, uma vez que permite ao programador interagir diretamente com os componentes físicos do computador e otimizar o desempenho a um nível impossível de alcançar com linguagens de alto nível.

O assembler, apesar da sua complexidade e do desafio de escrever código numa linguagem tão próxima da máquina, oferece uma flexibilidade sem precedentes aos programadores que precisam de explorar ao máximo as capacidades do hardware. Assim, no desenvolvimento de aplicações e sistemas operativos incorporados, em que cada instrução conta e em que a comunicação com componentes específicos do sistema tem de ser afinada, o assembler torna-se uma ferramenta poderosa. Embora estejam agora disponíveis ferramentas avançadas e compiladores optimizados para traduzir eficientemente linguagens de alto nível em código de máquina, o assembler continua a ser a escolha preferida em contextos em que o controlo direto e detalhado de cada ciclo de processamento é crucial para o desempenho e a estabilidade do sistema.

Capítulo 2: A era das linguagens de alto nível

- Fortran, COBOL e BASIC

Com o desenvolvimento e a evolução das necessidades de programação, surgiu a era das linguagens de alto nível, marcando uma mudança fundamental na forma como os programadores interagiam com os computadores. Este desenvolvimento representou uma revolução na programação, oferecendo ferramentas que permitiram aos programadores concentrarem-se mais na lógica e na estrutura das suas aplicações, sem terem de se preocupar com pormenores específicos do hardware. O aparecimento destas linguagens foi um passo crucial na história da computação, uma vez que simplificaram e agilizaram o processo de desenvolvimento, tornando o mundo da programação acessível a um maior número de pessoas e permitindo a criação de aplicações mais complexas e robustas. Linguagens como o Fortran, o COBOL e o BASIC ofereceram um nível de abstração sem precedentes, permitindo que as instruções fossem escritas numa sintaxe mais próxima da linguagem humana e menos orientada para a lógica binária das máquinas.

Definição de linguagens de alto nível

As linguagens de alto nível são definidas como linguagens de programação que permitem aos programadores escrever instruções numa forma mais próxima da linguagem humana, em comparação com a linguagem de montagem ou de máquina. Estas linguagens introduziram o conceito de abstração, o que significa que muitos dos pormenores relacionados com o hardware e o funcionamento interno do computador são tratados automaticamente, permitindo que os programadores se concentrem na lógica da aplicação. Como salienta Sebesta (2016), as linguagens de alto nível eliminaram a necessidade de os programadores compreenderem os pormenores complexos do hardware subjacente, uma vez que o compilador é responsável pela tradução do código escrito numa linguagem mais compreensível para as instruções de baixo nível necessárias ao processador.

Esta maior abstração não só facilitou o processo de desenvolvimento, como também permitiu uma melhor portabilidade do software entre diferentes plataformas de hardware. Por exemplo, um programa escrito em Fortran ou COBOL pode ser executado em diferentes arquitecturas de hardware com relativamente poucas alterações, algo que não é possível com o assembler, cujo código é específico para cada processador. Assim, as linguagens de alto nível democratizaram a programação, permitindo que mais pessoas sem conhecimentos profundos de hardware tivessem acesso à criação de software, o que favoreceu o crescimento da indústria da programação e contribuiu para o desenvolvimento de aplicações complexas em domínios tão variados como a ciência, a administração de empresas e a educação.

Em resumo, embora o assembler continue a ser indispensável em aplicações de baixo nível, em que é essencial um controlo cuidadoso do hardware, as linguagens de alto nível, como o Fortran, o COBOL e o BASIC, representam a evolução da programação no sentido de uma maior acessibilidade e eficiência no desenvolvimento de aplicações. A abstração introduzida por estas linguagens permitiu aos programadores concentrarem-se na resolução de problemas e na criação de soluções sem a necessidade de compreenderem todos os aspectos do hardware, uma mudança que foi fundamental para transformar a informática numa ferramenta universal e versátil.

Um aspeto fundamental das linguagens de alto nível é a sua capacidade de simplificar a programação através da utilização de instruções intuitivas e de estruturas de controlo, tais como condicionais e loops. Ao contrário das linguagens de baixo nível, as linguagens de alto nível permitem aos programadores exprimir operações e estruturas de forma simbólica, utilizando palavras e frases compreensíveis e com significado, em vez de se basearem em códigos numéricos específicos da máquina. De acordo com Tucker

(2004), "uma linguagem de alto nível permite que as operações sejam expressas simbolicamente, utilizando palavras e frases com significado em vez de códigos numéricos específicos da máquina" (p. 215). Isto facilita muito o desenvolvimento, pois o programador pode concentrar-se na lógica do problema sem se preocupar com a complexidade dos registos e da gestão da memória da máquina. Esta caraterística também permite que as linguagens de alto nível abstraiam as complexidades do hardware subjacente, proporcionando uma experiência de programação mais acessível e menos propensa a erros, o que constitui uma vantagem significativa em relação às linguagens de baixo nível.

A facilidade de programação oferecida pelas linguagens de alto nível estende-se também à estrutura e à organização do código. Ao contrário das linguagens de baixo nível, como o assembly, em que cada instrução deve corresponder diretamente a uma operação no hardware, as linguagens de alto nível promovem a clareza e a organização modular. Isto torna a programação menos trabalhosa e reduz as hipóteses de erro humano, uma vez que o programador não precisa de especificar todos os pormenores técnicos do hardware. Patterson e Hennessy (2013) destacam como as linguagens de baixo nível exigem que o programador tenha um conhecimento detalhado da arquitetura da máquina, o que implica compreender o funcionamento dos registos, da memória e de outros elementos internos do processador, factores que podem tornar-se uma fonte de erro no desenvolvimento de aplicações complexas. Em contrapartida, as linguagens de alto nível abstraem estes pormenores técnicos, tornando o código mais fácil de ler, escrever e manter.

Diferenças entre linguagens de alto nível e de baixo nível

A diferença fundamental entre as linguagens de alto nível e de baixo nível reside no grau de abstração que oferecem e na forma como interagem com o hardware. Enquanto o assembler é específico para cada tipo de processador e permite um controlo extensivo do hardware, as linguagens de alto nível são concebidas para serem portáteis e compreensíveis em várias plataformas, eliminando a necessidade de o programador ter um conhecimento profundo dos componentes internos do hardware. Esta portabilidade tem sido uma das principais razões para a popularidade das linguagens de alto nível, uma vez que permite que o software desenvolvido seja executado em diferentes sistemas com o mínimo de modificações, se é que existem. Brookshear e Brylow (2014) destacam esta caraterística, referindo que "as linguagens de alto nível foram concebidas para melhorar a produtividade e reduzir os erros de programação, permitindo uma estrutura de código mais clara e modular" (p. 54), o que acaba por resultar num código mais robusto e menos suscetível a erros.

Além disso, as linguagens de alto nível também permitem uma organização mais estruturada do código, promovendo a utilização de funções, sub-rotinas e classes que facilitam a reutilização e a manutenção do software. Em contrapartida, o assembler, sendo uma linguagem de baixo nível, exige que o programador faça a gestão manual de cada operação, o que pode ser entediante e desafiante, especialmente em grandes projectos. Stallings (2015) salienta que, embora as linguagens de baixo nível ofereçam um controlo detalhado do hardware, também aumentam significativamente a complexidade da programação, o que pode afetar a produtividade do programador e a qualidade do software resultante. Esta diferença de abordagem e de nível de abstração oferecida pelas linguagens de alto e baixo nível tem sido fundamental para o avanço da indústria do software, tornando o desenvolvimento de aplicações mais eficiente e acessível a um público mais vasto, permitindo assim a diversificação das aplicações de software em múltiplas áreas da sociedade moderna.

As linguagens de baixo nível, como o assembly, estão diretamente ligadas à arquitetura específica da máquina e, por conseguinte, exigem frequentemente um conhecimento técnico profundo dos pormenores operacionais do hardware subjacente. Nestas linguagens, cada instrução é concebida para operar diretamente em componentes específicos do sistema, como registos e memória, o que implica que o programador tem de compreender o funcionamento da máquina a um nível pormenorizado. Isso pode ser uma desvantagem em termos de acessibilidade e complexidade, pois qualquer erro na manipulação desses elementos pode levar a falhas na execução do programa. De acordo com Tanenbaum (2013), as linguagens de alto nível, em contrapartida, permitem ao programador "abstrair-se dos detalhes de baixo nível do hardware e concentrar-se na resolução do problema em questão" (p. 112). Esta capacidade de abstração do hardware não só simplifica a programação, como também facilita a portabilidade do software, uma vez que os programas escritos em linguagens de alto nível podem ser executados em diferentes tipos de máquinas com alterações mínimas ou inexistentes no código-fonte.

A distinção entre linguagens de baixo nível e de alto nível é, essencialmente, uma diferença na abordagem da relação com o hardware. Enquanto as linguagens de baixo nível são concebidas para proporcionar um controlo exaustivo da máquina, permitindo aos programadores aceder a instruções específicas do processador e manipular diretamente o hardware, as linguagens de alto nível destinam-se a simplificar o processo de programação, permitindo aos programadores concentrarem-se na lógica das suas aplicações sem se preocuparem com os pormenores técnicos da forma como essas instruções serão implementadas na máquina. Esta abordagem de abstração das linguagens de alto nível revolucionou, segundo os especialistas, o domínio da programação, tornando-o muito mais acessível a quem não tem uma formação técnica específica em engenharia eletrónica.

Objetivo das linguagens de alto nível

As linguagens de alto nível foram desenvolvidas com o objetivo fundamental de simplificar o processo de programação, tornando-o mais acessível e compreensível para os seres humanos. Ao contrário das linguagens de baixo nível, que requerem um conhecimento detalhado da arquitetura da máquina, as linguagens de alto nível utilizam estruturas e sintaxe mais próximas da linguagem natural, permitindo que os programadores se concentrem na resolução de problemas específicos sem terem de se preocupar com a forma como esses problemas se traduzirão em instruções ao nível do hardware. Sebesta (2016) explica que esta acessibilidade estende a programação a um público mais diversificado, permitindo que mais pessoas aprendam a programar e a desenvolver aplicações sem necessidade de conhecimentos avançados dos sistemas electrónicos subjacentes. Esta democratização da programação tem sido fundamental para o crescimento do software e para a criação de ferramentas que hoje facilitam múltiplas áreas da vida quotidiana.

Além disso, a abstração nas linguagens de alto nível permite ao programador descrever de forma direta o que pretende que o computador faça, sem necessidade de especificar como o conseguir em termos de hardware. Nas palavras de Scott (2009), "a abstração nas linguagens de alto nível permite que os programadores descrevam o que pretendem que o computador faça, em vez de como o fazer em termos de hardware" (p. 35). Esta capacidade não só aumenta a eficiência e a rapidez do desenvolvimento, como também facilita a colaboração entre programadores, uma vez que o código escrito em linguagens de alto nível é frequentemente mais claro e fácil de compreender. Como resultado, as linguagens de alto nível não só reduzem a barreira à entrada de novos programadores, como também encorajam a criação de programas complexos e de alta qualidade num curto espaço de tempo.

A capacidade das linguagens de alto nível para abstrair a complexidade do hardware não só reduz o tempo de desenvolvimento, como também melhora a legibilidade e a facilidade de manutenção do código. Isto é particularmente importante em aplicações de grande escala, em que vários programadores têm de colaborar no mesmo projeto. Tal como referido por Aho et al. (2006), "a facilidade de leitura e escrita das linguagens de alto nível incentiva a colaboração entre programadores, uma vez que o código é mais compreensível e estruturado" (p. 84).

Para além de proporcionarem uma maior facilidade de utilização em comparação com as linguagens de baixo nível, as linguagens de alto nível introduzem conceitos avançados, como a programação orientada para objectos (POO), que transformaram o desenvolvimento de software em termos de organização e eficiência. A OOP permite que o código seja organizado em classes e objectos, facilitando uma estrutura modular que incentiva a reutilização do código e melhora a facilidade de manutenção em grandes projectos. Esta abordagem não só ajuda os programadores a gerir projectos complexos, como também permite a criação de aplicações escaláveis e flexíveis, em que os componentes de software podem ser actualizados ou modificados sem alterar a funcionalidade global do sistema. Como referem Ghezzi e Jazayeri (1997), a introdução da OOP nas linguagens de alto nível constituiu um marco no desenvolvimento de software, uma vez que "facilita a reutilização de código e permite uma abordagem mais estruturada à conceção de aplicações" (p. 230). Desta forma, as linguagens de alto nível não só simplificam a programação, como também introduzem novas metodologias que redefiniram a forma como os projectos de software são concebidos e geridos.

Fortran

Uma das primeiras linguagens de programação de alto nível a ser desenvolvida foi o Fortran (acrónimo de FORmula TRANslation), criado na década de 1950 por uma equipa da IBM sob a liderança de John W. Backus. O Fortran surgiu numa altura em que a programação era um processo laborioso, dominado pela utilização de linguagens de baixo nível, como o assembly, que exigiam um conhecimento detalhado da arquitetura das máquinas. Esta linguagem marcou um avanço revolucionário, especialmente na programação científica e de engenharia, ao permitir que cientistas e matemáticos escrevessem programas sem recorrer ao complexo código assembly. Em vez de terem de compreender em profundidade a estrutura do hardware, podiam concentrar-se na formulação de problemas e cálculos utilizando uma notação mais acessível e mais próxima do seu domínio. Como McCracken (1961) salienta, "a criação do Fortran representou um passo crucial na programação ao permitir uma maior acessibilidade e eficiência na escrita de programas, especialmente no domínio científico" (p. 7).

O Fortran não só facilitou a programação científica, como também introduziu caraterísticas avançadas que lançaram as bases para futuras linguagens de programação de alto nível. A capacidade do Fortran para traduzir expressões matemáticas complexas em código executável não só poupou tempo, como também permitiu aos cientistas efetuar simulações e análises de dados com maior rapidez e precisão. Isto fez do Fortran um padrão científico durante várias décadas, consolidando a sua relevância como a primeira linguagem de alto nível amplamente adoptada.

O contexto em que o Fortran foi desenvolvido responde à necessidade de uma linguagem de programação capaz de lidar com cálculos matemáticos complexos e que fosse eficiente em termos de desempenho. Nas palavras de Sebesta (2016), "o principal objetivo da equipa da IBM era criar uma linguagem que melhorasse a produtividade sem sacrificar a eficiência, algo que era essencial dado o elevado custo computacional dos sistemas na altura" (p. 66). Assim, o Fortran tornou-se a primeira linguagem de alto nível amplamente adoptada, transformando a computação científica e marcando o início das linguagens de programação modernas (Ceruzzi, 2012).

O principal objetivo do Fortran era facilitar a programação em áreas científicas e de engenharia, onde eram necessários cálculos precisos e eficientes. Ao contrário das linguagens de uso geral, o Fortran foi especificamente concebido para "resolver problemas de álgebra e cálculo, oferecendo operações matemáticas avançadas que permitiam a execução de tarefas complexas de uma forma mais acessível e rápida" (Aho et al., 2006, p. 193). Esta especialização fez do Fortran a linguagem de eleição durante décadas em aplicações como a física, a engenharia e a matemática.

O Fortran foi concebido com o objetivo de permitir "uma elevada eficiência de execução em comparação com outras linguagens, o que foi crucial para garantir a sua adoção pela comunidade científica e técnica da época" (Sebesta, 2016, p. 67). Este foco na eficiência de execução foi um dos elementos-chave que permitiu ao Fortran estabelecer-se como o padrão na programação científica e de engenharia nos seus primeiros anos de existência. Uma vez que as aplicações científicas e de engenharia requerem a realização de cálculos complexos de forma rápida e precisa, a capacidade do Fortran para gerar código eficiente que tirava o máximo partido dos recursos computacionais da época revelou-se uma vantagem competitiva significativa. Além disso, a linguagem incluía uma compilação eficiente que convertia o código em instruções de máquina optimizadas, o que era inovador na altura e assegurava um desempenho superior ao de outros métodos de programação (Patterson & Hennessy, 2013). Esta otimização do desempenho permitiu que cientistas e engenheiros executassem simulações e resolvessem problemas matemáticos complexos com maior rapidez e precisão, o que facilitou o avanço da investigação em várias disciplinas.

Sintaxe

A sintaxe do Fortran foi concebida para ser simples e compreensível, especialmente para aqueles que não eram necessariamente especialistas em programação, mas estavam familiarizados com a matemática e a ciência. Ao contrário das linguagens de baixo nível, em que as instruções eram técnicas e complexas, o Fortran introduziu uma estrutura que permitia exprimir as operações matemáticas de forma clara e direta, tornando o código mais acessível aos cientistas. Isto permitiu que a linguagem fosse utilizada não só para tarefas computacionais, mas também para exprimir facilmente fórmulas e equações num formato compreensível e próximo da linguagem matemática (Scott, 2009). De facto, nas palavras de Tucker (2004), "a clareza da sintaxe do Fortran foi o que permitiu a sua adoção tão rápida no campo científico, onde os investigadores precisavam de ferramentas que facilitassem a expressão de equações complexas" (p. 345).

A simplicidade e clareza da sintaxe Fortran não só melhorou a acessibilidade para os cientistas, como também acelerou o processo de desenvolvimento, reduzindo a curva de aprendizagem associada à programação. Através de um conjunto de estruturas e convenções que se assemelhavam a expressões matemáticas, os programadores podiam concentrar-se nos problemas que pretendiam resolver, em vez de perderem tempo a debater-se com os pormenores técnicos da linguagem de programação. Isto facilitou a sua adoção e utilização generalizadas numa vasta gama de aplicações científicas e de engenharia, desde cálculos matemáticos à simulação de fenómenos físicos complexos.

Em Fortran, as linhas de código seguem uma estrutura fixa em que cada linha tem um objetivo específico, como atribuir valores ou indicar operações matemáticas, resultando num código mais organizado. Para além disso, o Fortran implementou o conceito de "subrotinas" para facilitar a modularidade, permitindo aos programadores reutilizar blocos de código e simplificar o desenvolvimento de programas complexos (Brookshear & Brylow, 2014, p. 121).

O Fortran inclui tipos de dados básicos que são orientados para cálculos científicos. Estes tipos de dados incluem números inteiros, números reais e números complexos, que permitem à linguagem lidar com operações matemáticas avançadas necessárias em ciência e engenharia. De acordo com Hennessey e Patterson (2012), "a inclusão de tipos de dados como os números complexos mostra como o Fortran foi adaptado desde o seu início para satisfazer as necessidades específicas dos cientistas e engenheiros" (p. 224).

Os números inteiros e reais em Fortran permitem aos programadores efetuar cálculos precisos com elevada eficiência no processamento de dados numéricos. Além disso, a inclusão de números complexos é particularmente importante em áreas como a física e a engenharia eléctrica, onde as operações com números imaginários são comuns. Estes tipos de dados fizeram do Fortran uma linguagem especializada para a computação numérica e permitiram-lhe continuar a ser uma ferramenta vital na computação científica (Aho et al., 2006).

Em suma, o Fortran não só foi pioneiro no desenvolvimento de linguagens de programação de alto nível, como também introduziu uma série de inovações que lançaram as bases para o desenvolvimento de linguagens posteriores. Desde a sua conceção, o Fortran destacou-se pela sua capacidade de traduzir fórmulas matemáticas complexas em código de máquina de forma eficiente, permitindo aos cientistas e matemáticos trabalhar de forma mais produtiva e com maior precisão. O seu enfoque na facilidade de utilização, associado à sua capacidade de gerar código de elevado desempenho, tornou-o uma ferramenta fundamental para a investigação científica e técnica. Além disso, o Fortran permitiu um maior grau de abstração na programação, facilitando a expressão de cálculos complexos sem a necessidade de interagir diretamente com o hardware. Este facto tornou-o particularmente adequado para a computação científica, garantindo a sua popularidade e longevidade no domínio da programação técnica e matemática. Com o desenvolvimento da computação, as inovações introduzidas pelo Fortran foram adoptadas e adaptadas por linguagens posteriores, consolidando o seu legado como uma das primeiras linguagens modernas de alto nível.

COBOL

A linguagem de programação COBOL (Common Business-Oriented Language) foi desenvolvida em 1959 em resposta à necessidade crescente de uma linguagem que facilitasse a gestão de processos e dados empresariais. Durante a década de 1950, a informática estava em plena expansão, mas as linguagens existentes eram mais adequadas às aplicações científicas ou militares do que às necessidades do mundo empresarial. Neste contexto, surgiu a ideia de criar uma linguagem que pudesse ser utilizada para tarefas comerciais e administrativas, permitindo às organizações gerir grandes volumes de dados e efetuar cálculos financeiros de forma mais eficiente. O COBOL foi especificamente concebido para ser uma linguagem orientada para os negócios, o que o distingue de outras linguagens de programação da sua época, mais centradas na computação científica ou em aplicações militares (Ceruzzi, 2012).

O objetivo do COBOL era criar uma linguagem que fosse acessível e compreensível não só para os programadores, mas também para os utilizadores empresariais que não estivessem familiarizados com a programação. A sua sintaxe, inspirada na língua inglesa, foi concebida para tornar o código fácil de compreender e ler, permitindo que os profissionais não técnicos compreendessem o objetivo de um programa, mesmo sem conhecerem os pormenores da sua implementação. De acordo com Sammet (1981), o COBOL foi "a primeira linguagem a procurar ativamente a adaptação de uma linguagem comum que pudesse ser aplicada em diferentes sistemas de processamento de dados empresariais" (p. 92). Esta abordagem de criar uma linguagem universal para as empresas e adaptá-la a vários sistemas de processamento foi uma inovação significativa, pois permitiu que as empresas gerissem as suas operações comerciais utilizando uma plataforma comum, independentemente do equipamento ou sistemas que estivessem a utilizar. Desta forma, o COBOL não só facilitou a programação, como também contribuiu para a normalização da tecnologia empresarial, o que favoreceu a interoperabilidade entre diferentes sistemas informáticos no ambiente empresarial.

O desenvolvimento do COBOL foi um projeto colaborativo que envolveu empresas privadas e agências governamentais dos EUA, como o Departamento de Defesa, que patrocinou a criação de uma linguagem padrão para facilitar a troca de dados e programas entre os diferentes computadores comerciais da época (McMillan, 2006). De acordo com Lee e Widmaier (2009), "a criação do COBOL foi significativa porque demonstrou a viabilidade das linguagens de programação como ferramentas de comunicação entre software e hardware de diferentes fabricantes" (p. 187). Esta colaboração permitiu que o COBOL se tornasse uma norma industrial e uma das primeiras linguagens a receber apoio generalizado de instituições e empresas, consolidando o seu papel nos sistemas de processamento de dados empresariais.

A criação do COBOL foi o resultado de uma colaboração sem precedentes entre várias entidades governamentais dos EUA, grandes empresas, como a IBM e a RCA, e grupos de investigação académica. A Conference on Data Systems Language (CODASYL), criada em 1959, foi fundamental para a conceção e normalização da linguagem. De acordo com Weik (2000), "a CODASYL procurou obter uma linguagem que fosse facilmente compreendida pelos utilizadores empresariais e que permitisse uma programação mais eficiente e uniforme" (p. 165). Este esforço de colaboração permitiu a criação de uma linguagem suficientemente flexível para se adaptar a diferentes sistemas informáticos e que pudesse ser utilizada em vários sectores, facilitando a transferência e a consistência dos dados (Burton, 2018).

Sintaxe

Uma das caraterísticas que tornou o COBOL único e adequado para o ambiente empresarial foi a sua sintaxe clara e legível. O COBOL foi concebido com uma estrutura orientada para a descrição de processos de negócio, com uma sintaxe próxima da linguagem natural do inglês, o que permitia aos programadores descrever em pormenor as operações de negócio nos seus programas (Sebesta, 2016). Nas palavras de Sammet (1981), "a clareza da sintaxe do COBOL tinha como objetivo tornar os processos de negócio compreensíveis para pessoas com formação não técnica" (p. 74).

A linguagem foi concebida para ser autodescritiva e orientada para operações comerciais específicas, com secções bem definidas, como IDENTIFICAÇÃO, AMBIENTE, DADOS e PROCEDIMENTO, que ajudaram a estruturar o código de forma lógica e ordenada (Wegner, 2014). Cada uma destas secções tem uma função específica: a secção IDENTIFICAÇÃO identifica o programa, AMBIENTE estabelece o ambiente em que é executado, DADOS descreve a estrutura dos dados e PROCEDIMENTO define as operações a realizar sobre os dados. Esta estrutura permite que a linguagem seja intuitiva para os utilizadores comerciais e flexível para se adaptar a diferentes operações comerciais (Sebesta, 2016).

O COBOL foi desenvolvido com o objetivo de gerir e manipular grandes quantidades de dados, especialmente registos e ficheiros, para satisfazer as necessidades de processamento de informações comerciais. Uma das principais inovações do COBOL foi a introdução de estruturas de dados que permitem a manipulação de registos de forma organizada, o que é crucial para o processamento eficiente de dados em operações comerciais complexas (Sebesta, 2016). De acordo com Brookshear e Brylow (2014), "o COBOL facilitou o trabalho com registos e ficheiros ao introduzir estruturas de dados avançadas que permitiram organizar a informação de forma lógica e eficiente" (p. 254).

Além disso, o COBOL foi pioneiro na utilização de ficheiros sequenciais e aleatórios, permitindo a manipulação e o acesso direto a grandes quantidades de dados armazenados, o que era essencial nas aplicações de gestão empresarial (Ceruzzi, 2012). Ao contrário de outras linguagens da época, o COBOL permitia que os dados fossem definidos em estruturas que simulavam registos físicos de escritório, como registos de clientes ou transacções bancárias, o que foi revolucionário na forma como as empresas geriam os seus dados (McMillan, 2006). De acordo com Wegner (2014), "a capacidade do COBOL para organizar e aceder a dados estruturados foi essencial para a sua adoção na indústria financeira e de gestão de dados" (p. 37).

Por outro lado, o COBOL introduziu o conceito de níveis na estrutura de dados, o que permite definir relações hierárquicas entre diferentes elementos, facilitando a manipulação e o processamento de informação estruturada (Tucker, 2004). Esta caraterística permite que a linguagem represente os dados de forma complexa e organizada, ideal para sistemas de contabilidade, inventários e bases de dados empresariais.

BÁSICO

A linguagem de programação BASIC (Beginners' All-purpose Symbolic Instruction Code) foi desenvolvida em 1964 por John G. Kemeny e Thomas E. Kurtz no Dartmouth College. Numa altura em que a programação estava limitada a especialistas, Kemeny e Kurtz procuraram criar uma linguagem acessível a qualquer pessoa interessada em aprender a programar, especialmente estudantes de diferentes disciplinas (Murray, 2013). Como descreve Evans (2011), "o BASIC foi a primeira linguagem concebida explicitamente com o objetivo de simplificar a programação e torná-la acessível a pessoas fora do campo profissional da informática" (p. 182). A criação do BASIC foi um marco, pois rompeu com a complexidade de outras linguagens da época e proporcionou uma ferramenta educacional que atraiu milhares de utilizadores.

Kemeny e Kurtz conceberam o BASIC em resposta à crescente procura de programas académicos sobre a utilização de computadores, pois consideravam que as linguagens de programação existentes eram impraticáveis para o ensino de estudantes sem formação técnica em matemática ou ciências da computação (Ceruzzi, 2012). A sua visão era radicalmente inovadora para a época, uma vez que procuravam "democratizar" o acesso à programação, ajudando as universidades a ensinar competências informáticas a estudantes de várias disciplinas (Petzold, 2016). Este facto fez do BASIC uma das primeiras linguagens de alto nível com um claro enfoque educativo e uma ferramenta central nas universidades e escolas durante as décadas seguintes.

Desde a sua criação, o BASIC foi concebido como uma ferramenta educativa que não exigia conhecimentos avançados de programação, o que revolucionou a forma como a informática era ensinada. De acordo com Petzold (2016), o objetivo de Kemeny e Kurtz era "criar uma linguagem que permitisse aos principiantes escrever programas rapidamente, sem a necessidade de compreender os detalhes complexos do hardware ou do sistema operativo" (p. 207). Graças a esta filosofia, o BASIC foi adotado em instituições de ensino de todo o mundo, onde a sua simplicidade o tornou uma excelente ferramenta para introduzir os alunos à programação.

Kemeny e Kurtz acreditavam que o ensino da programação não se devia limitar aos estudantes das ciências exactas; o seu objetivo era tornar o BASIC acessível aos estudantes das ciências humanas, das artes e de outras disciplinas. Esta acessibilidade foi fundamental para a sua popularidade e para o seu papel na popularização da programação, especialmente a partir da década de 1970, quando os computadores pessoais começaram a incluir intérpretes BASIC por defeito (Ceruzzi, 2012). Como salienta Tedre (2015), "o BASIC introduziu milhares de estudantes na lógica de programação e na estrutura das linguagens de computador, lançando as bases para uma geração que cresceria com conhecimentos básicos de informática" (p. 245).

Sintaxe

Uma das caraterísticas mais proeminentes do BASIC é a sua sintaxe simples e direta, concebida para ser fácil de aprender e utilizar, mesmo para quem não tem experiência prévia em programação. De acordo com um estudo de Brookshear (2018), "a simplicidade da sintaxe do BASIC foi intencional, permitindo que a linguagem se assemelhasse a uma lista de comandos em inglês" (p. 126). Esta estrutura facilitou a aprendizagem de conceitos básicos de programação sem a necessidade de compreender pormenores complexos, como a gestão da memória ou a arquitetura do hardware, que eram comuns em linguagens mais técnicas.

O BASIC foi concebido com comandos claros, como "PRINT" para apresentar texto no ecrã, "INPUT" para receber dados do utilizador e "LET" para atribuir valores a variáveis, o que tornou a linguagem acessível aos principiantes (Tedre, 2015). Além disso, Kemeny e Kurtz implementaram uma abordagem linha a linha, em que os comandos eram executados sequencialmente, facilitando a compreensão da estrutura lógica de um programa (Evans, 2011). Esta simplicidade foi uma das razões pelas quais o BASIC se tornou tão popular nas escolas e continua a ser utilizado em aplicações educativas e em ambientes onde se ensina programação introdutória.

Outra caraterística fundamental do BASIC é a sua natureza interactiva, que permite aos utilizadores escrever e executar comandos diretamente num ambiente de renderização. Esta capacidade de executar comandos imediatamente facilitou a aprendizagem, uma vez que os alunos podiam ver os resultados do seu código instantaneamente, sem terem de compilar o programa, como era necessário noutras linguagens de programação da época (Ceruzzi, 2012). A interatividade permitiu aos alunos experimentar, testar e observar o impacto das suas instruções em tempo real, o que reforçou a sua compreensão dos conceitos e da lógica de programação.

Esta caraterística interactiva tornou o BASIC uma linguagem intuitiva e acessível para os principiantes, permitindo-lhes experimentar a programação sem receio de cometer erros graves. De acordo com Brookshear (2018), "a interatividade do BASIC permitia que os alunos aprendessem através da experimentação direta, o que era inestimável para o desenvolvimento de competências práticas de programação" (p. 129). Além disso, esta abordagem interactiva foi precursora de muitos ambientes de programação que seguem o mesmo princípio de interpretação direta, como os REPL (Read-Eval-Print Loops), utilizados em linguagens modernas como Python e JavaScript.

Capítulo 3: Novos Paradigmas - Programação Estruturada, Orientada para Objectos e Funcional

Os paradigmas de programação são abordagens ou estilos de programação que fornecem um quadro concetual para organizar o desenvolvimento de software e resolver problemas de uma forma específica. Cada paradigma oferece um conjunto de princípios, estruturas e metodologias que influenciam a forma como os programas são projectados e construídos. Segundo Sebesta (2016), "um paradigma de programação representa uma forma particular de pensar sobre soluções, organizando o processo de programação em termos das técnicas e estruturas que o caracterizam" (p. 112). Esta organização visa simplificar e otimizar a criação de software, permitindo que os programadores se concentrem em aspectos específicos da lógica e do fluxo do programa.

Os paradigmas de programação são fundamentais no domínio do desenvolvimento de software, uma vez que oferecem diferentes perspectivas e ferramentas para abordar a diversidade de problemas encontrados na computação. Ao escolher um paradigma, os programadores definem não só a forma como o código será estruturado, mas também como serão abordados os desafios inerentes ao problema a resolver. Por exemplo, o paradigma orientado para os objectos (OOP) é um dos paradigmas mais conhecidos e mais utilizados na programação moderna. Este paradigma centra-se na modelação do mundo real através de "objectos" que representam entidades com estados (atributos) e comportamentos (métodos), o que facilita a criação de sistemas modulares e reutilizáveis. Nesta abordagem, cada objeto interage com outros objectos através de métodos e mensagens, permitindo que o sistema seja construído de forma escalável e flexível. Em contraste, o paradigma funcional, que se baseia na utilização de funções matemáticas puras, evita o estado mutável e os efeitos secundários. Esta abordagem promove a imutabilidade dos dados e a execução de funções sem alterar o estado do sistema, o que tem vantagens em termos de simplicidade e segurança, especialmente em aplicações concorrentes e distribuídas (Muller, 2020). Assim, ambos os paradigmas oferecem modelos de programação completamente diferentes que têm impacto na forma como os programadores conceptualizam e estruturam as suas soluções, dependendo dos requisitos específicos do projeto.

Importância no desenvolvimento de software

A importância dos paradigmas no desenvolvimento de software reside no facto de a escolha do paradigma influenciar significativamente a eficiência, a escalabilidade e a capacidade de manutenção das aplicações. Cada paradigma tem pontos fortes que o tornam adequado para certos tipos de problemas e pontos fracos que podem limitar a sua eficácia noutros contextos. Por exemplo, as linguagens baseadas no paradigma orientado para os objectos, como Java e C++, são especialmente eficazes em aplicações de grande escala e sistemas empresariais. Isto deve-se ao facto de a sua estrutura modular, baseada em classes, permitir uma fácil reutilização do código, a manutenção e a expansão de sistemas complexos. Estas caraterísticas permitem que os programadores trabalhem em grandes equipas e distribuam o trabalho de forma eficiente. De acordo com Sebesta (2016), "o paradigma orientado a objetos facilita a criação de softwares robustos e flexíveis, ideais para a construção de aplicações empresariais" (p. 67). Por outro lado, o paradigma funcional, representado em linguagens como Haskell e Lisp, é cada vez mais popular em áreas que exigem processamento de dados complexos ou a execução de algoritmos concorrentes. Isto é possível devido à sua capacidade de minimizar os efeitos secundários e gerir eficientemente a execução paralela, resultando em programas mais fáceis de depurar e manter, ao mesmo tempo que optimizam a eficiência computacional. Assim, a escolha do paradigma é crucial e deve estar alinhada com as caraterísticas do problema a resolver e os objectivos do projeto, uma vez que cada abordagem tem as suas aplicações ideais e pode afetar a qualidade do software resultante.

A programação imperativa, baseada em instruções sequenciais, e a programação declarativa, que se concentra em descrever o "o quê" e não o "como", representam duas abordagens fundamentais que deram origem a outros paradigmas e linguagens híbridas. Como refere Lee (2018), "a diversidade de paradigmas permite que os programadores seleccionem a abordagem mais adequada às necessidades específicas de cada projeto, promovendo a flexibilidade e a inovação no desenvolvimento de software" (p. 89).

Evolução histórica dos paradigmas de programação

O desenvolvimento de paradigmas de programação remonta às primeiras décadas da computação, sendo as linguagens de baixo nível e o paradigma imperativo as abordagens predominantes. Na década de 1950, o Fortran e o COBOL introduziram a programação estruturada, permitindo aos programadores dar instruções sequenciais à máquina. Estas primeiras linguagens baseavam-se na manipulação direta do hardware e, embora limitadas, lançaram as bases para o desenvolvimento de paradigmas mais avançados (Ceruzzi, 2012). Nas palavras de Backus (1978), "a programação imperativa exigia que o programador especificasse o processo de solução passo a passo, o que era eficiente mas propenso a erros devido à complexidade dos detalhes ao nível da máquina" (p. 31).

Programação estruturada

A programação estruturada é um paradigma de programação que surgiu na década de 1960 e se estabeleceu como uma abordagem fundamental para melhorar a clareza, a qualidade e a eficiência do desenvolvimento de software. Este estilo de programação promove a organização do código através de estruturas de controlo claras, como a sequência, a seleção (condicionais) e a repetição (loops), o que permite ao programador dividir o código em segmentos geríveis e lógicos. Segundo Dijkstra (1972), um dos pioneiros desta metodologia, "a programação estruturada representa uma técnica para a construção de programas robustos e fiáveis através da aplicação de um conjunto limitado de estruturas de controlo" (p. 45).

A utilização de estruturas de controlo também foi destacada por autores como Sebesta (2016), que refere que "a programação estruturada facilita a eliminação de erros e permite que os programas sejam lidos e compreendidos de forma mais eficiente" (p. 91). Este paradigma foi concebido como uma resposta à falta de ordem e organização nas primeiras abordagens de programação, em que o código confuso e a utilização de saltos ou "gotchas" tornavam o software difícil de ler e manter.

Modularidade: Dividir o código em módulos

Um dos princípios fundamentais da programação estruturada é a modularidade, que se refere à divisão do programa em componentes mais pequenos e mais fáceis de gerir, denominados "módulos" ou "funções". Esta divisão permite que cada módulo desempenhe uma função específica, facilitando o desenvolvimento, o teste e a manutenção do código. Como explica Brookshear (2018), "a modularidade ajuda a reduzir a complexidade ao dividir o programa em partes independentes, o que aumenta a sua legibilidade e permite que diferentes programadores trabalhem em diferentes módulos sem afetar o todo" (p. 162).

A modularidade também facilita a reutilização do código, permitindo que certos módulos ou funções sejam utilizados em diferentes partes do mesmo programa ou mesmo em diferentes projectos. Esta abordagem permite, por exemplo, que funções comuns como a validação de dados ou o cálculo de estatísticas sejam implementadas uma vez e utilizadas em vários sítios, reduzindo as redundâncias e os erros potenciais (Ghezzi, Jazayeri & Mandrioli, 2002).

Ferramentas e técnicas de programação estruturada

Diagramas de fluxo

Para planear os algoritmos antes de escrever o código, os programadores estruturados utilizam frequentemente fluxogramas, que representam visualmente a sequência de passos e decisões dentro de um programa. Estes diagramas são essenciais para visualizar a estrutura lógica e para identificar possíveis erros ou ineficiências na conceção. De acordo com Baecker e Buxton (1987), "os fluxogramas fornecem uma representação gráfica do fluxo de controlo de um algoritmo, permitindo uma compreensão mais rápida e precisa do processo" (p. 204). Ao longo do desenvolvimento da informática, os fluxogramas têm sido ferramentas essenciais tanto no ensino como na prática profissional, pois permitem um planeamento detalhado e um controlo eficaz do fluxo do programa.

Um fluxograma básico utiliza símbolos padrão, como rectângulos para representar processos, losangos para decisões e setas para indicar a sequência. Esta visualização não só facilita a colaboração entre programadores, como também torna a conceção do programa acessível a não especialistas, o que é particularmente útil em contextos empresariais em que é necessária a aprovação da direção ou do cliente.

Pseudocódigo

Para além dos fluxogramas, o pseudocódigo é outra ferramenta popular na programação estruturada. Trata-se de uma descrição informal do algoritmo num formato que imita a linguagem de programação, mas sem aderir à sintaxe rígida de uma linguagem específica. O pseudocódigo permite que os programadores esbocem e comuniquem as suas ideias de forma clara e acessível antes da codificação, proporcionando um passo intermédio entre a conceção concetual e a implementação técnica (Knuth, 1997). Como explica Scott (2019), "o pseudocódigo é uma forma de planeamento que permite aos programadores concentrarem-se na lógica sem se preocuparem com detalhes específicos de sintaxe" (p. 77).

A utilização de pseudocódigo é particularmente valiosa no desenvolvimento de algoritmos complexos, uma vez que permite aos programadores resolver e aperfeiçoar a lógica numa fase inicial, evitando erros comuns e maximizando a clareza das soluções. Através desta técnica, os programadores estruturados podem garantir que a conceção do programa é sólida antes de investirem tempo na codificação detalhada.

Exemplos práticos de programação estruturada na vida real

A programação estruturada tem-se revelado eficaz numa grande variedade de aplicações práticas, devido à sua capacidade de organizar o código de uma forma clara e fácil de gerir. Um exemplo comum é o desenvolvimento de algoritmos para a gestão de inventários no sector retalhista. Estes algoritmos permitem às empresas monitorizar o fluxo de produtos em inventário, ajustar os níveis de stock e otimizar as ordens de compra. De acordo com Lambert (2015), "a programação estruturada é ideal para aplicações de inventário, uma vez que permite que os sistemas sejam facilmente escaláveis e adaptáveis às mudanças nos padrões de procura" (p. 131).

Outro exemplo relevante é a utilização da programação estruturada nos sistemas de controlo de tráfego. Os sistemas modernos de controlo de tráfego utilizam algoritmos estruturados para analisar dados de sensores e câmaras, permitindo ajustar os semáforos e controlar o fluxo de veículos em tempo real. Como explica Wing (2016), "a programação estruturada facilita a criação de algoritmos de controlo precisos, permitindo que os sistemas de tráfego funcionem de forma optimizada e reactiva" (p. 184).

Impacto da programação estruturada no desenvolvimento de software

A programação estruturada transformou a forma como os programadores abordam a criação de software, fornecendo um quadro lógico que maximiza a clareza e a eficiência. Ao introduzir conceitos como a modularidade, os fluxogramas e o pseudocódigo, esta abordagem permitiu aos programadores criar aplicações robustas e fáceis de manter. A influência da programação estruturada é visível em muitos paradigmas modernos, como a programação orientada para objectos, que incorpora e expande muitos dos seus princípios.

A popularidade e a durabilidade desta abordagem residem na sua capacidade de simplificar a programação e de se adaptar a uma vasta gama de aplicações. Segundo Sebesta (2016), "a programação estruturada é um dos pilares da história da programação, e o seu legado continua na forma como os programadores abordam a organização e a conceção de software" (p. 231). A clareza oferecida pela programação estruturada continua a ser fundamental para os programadores de hoje, especialmente em aplicações complexas em que a precisão e o controlo são essenciais.

Programação orientada para objectos (OOP)

A Programação Orientada para Objectos (POO) é um paradigma de programação que organiza o código em torno de "objectos", que representam entidades ou conceitos do mundo real. Introduzida formalmente na década de 1960 e consolidada na década de 1980, a OOP revolucionou a programação ao fornecer uma estrutura que facilita o desenvolvimento de software modular, reutilizável e escalável. De acordo com Booch (2007), "a OOP permite aos programadores estruturar o software de modo a que os objectos modelem tanto o estado como o comportamento das entidades" (p. 27).

Os pilares fundamentais da POO incluem conceitos como **classes**, **objectos**, **herança**, **polimorfismo** e **encapsulamento**. A **classe** é o modelo a partir do qual os objectos são criados e contém tanto os atributos (dados) como os métodos (funções) associados ao objeto. Um **objeto** é uma instância específica de uma classe que contém os valores específicos para esses atributos. Como salienta Sebesta (2016), "a orientação para objectos facilita que o software seja uma simulação do mundo real, modelando entidades e as suas interações de uma forma intuitiva para os programadores" (p. 345).

A herança permite que uma classe adquira as propriedades e os métodos de outra, criando uma relação hierárquica que facilita a reutilização do código. **O polimorfismo** permite que o mesmo método se comporte de formas diferentes consoante o contexto, o que aumenta a flexibilidade do software. Por último, **o encapsulamento** garante que os dados são protegidos do acesso externo direto, melhorando a segurança e a integridade do software. Como explica Stroustrup (2013), "o encapsulamento e a modularidade inerentes à POO contribuem para tornar o código menos propenso a erros e mais fácil de manter" (p. 163).

Vantagens da programação orientada para os objectos

A OOP oferece múltiplos benefícios para o desenvolvimento de software, sendo um dos mais proeminentes a **modularidade**, uma vez que permite que um programa seja dividido em partes independentes que podem ser desenvolvidas e testadas separadamente. Como Fowler (2004) argumenta, "a modularidade permite que o código seja dividido em pequenas secções ou módulos, facilitando a colaboração entre equipas e a gestão de grandes projectos" (p. 221). Isto é crucial no contexto empresarial e em projectos de longo prazo, em que a escalabilidade e a flexibilidade são essenciais.

Outra vantagem significativa é a **reutilização do código**. Graças à herança e à criação de classes reutilizáveis, os programadores podem utilizar módulos que já existem noutros projectos, o que poupa tempo e reduz a duplicação de esforços. Gamma et al. (1994) referem que "a reutilização de código é um dos pilares da eficiência da POO, uma vez que permite aos programadores criar aplicações mais rapidamente utilizando componentes comprovados" (p. 18).

Além disso, a OOP permite **uma melhor gestão da complexidade** em grandes projectos de software. Ao organizar o software em objectos e classes, os programadores podem abstrair pormenores complexos e concentrar-se nas interações de alto nível entre componentes. Isto é especialmente valioso em sistemas em que a funcionalidade e os requisitos podem mudar frequentemente, pois permite que o comportamento de uma aplicação seja modificado sem afetar outros componentes. De acordo com Larman (2001), "a conceção orientada para objectos é uma ferramenta poderosa para gerir a complexidade dos sistemas de software, permitindo que o desenvolvimento seja incremental e que as alterações sejam integradas sem grandes riscos" (p. 42).

Linguagens populares na programação orientada para objectos

C++

A linguagem C++ desempenhou um papel crucial na popularização da POO na década de 1980. Criado por Bjarne Stroustrup como uma extensão do C, o C++ introduziu caraterísticas orientadas para objectos que permitiram aos programadores estruturar aplicações complexas sem sacrificar a eficiência. Como explica Stroustrup (2013), "o C++ foi concebido para permitir uma poderosa abstração de dados sem perder o controlo direto do hardware, o que é crucial para aplicações de elevado desempenho" (p. 78). A capacidade do C++ de combinar OOP com programação de baixo nível tornou-o uma escolha popular no desenvolvimento de sistemas operativos, jogos de vídeo e aplicações de alto desempenho.

Java

Outra linguagem que tem sido fundamental para a evolução da OOP é **Java**. Criada em 1995 pela Sun Microsystems, Java foi concebida de raiz com uma arquitetura orientada para os objectos e tornou-se rapidamente popular devido à sua portabilidade e facilidade de utilização no desenvolvimento de aplicações Web e móveis. O seu lema, "write once, run anywhere", resume o seu foco na portabilidade, permitindo que as aplicações escritas em Java sejam executadas em qualquer plataforma com uma máquina virtual Java (JVM). Como explicam Horstmann e Cornell (2013), "Java democratizou o acesso à OOP, tornando conceitos complexos acessíveis a um público mais vasto" (p. 4). A portabilidade e a segurança de Java em ambientes Web tornaram-no uma escolha ideal para aplicações empresariais e de Internet.

Exemplos práticos de aplicações de programação orientada para objectos

Uma das áreas em que a programação orientada para objectos se tem revelado particularmente útil é no desenvolvimento de **jogos de vídeo**. Nestes projectos, os conceitos de OOP permitem modelar personagens, cenários e mecânicas como objectos interactivos. Cada objeto do jogo pode ter atributos e métodos específicos, o que facilita a criação de interações complexas e a incorporação de funcionalidades adicionais sem modificar o sistema de base. De acordo com Gregory (2014), "a OOP permite que os desenvolvedores de jogos modelem entidades do mundo virtual de forma intuitiva e escalável, facilitando a personalização e a evolução do jogo" (p. 297).

Outro exemplo importante é o desenvolvimento de **aplicações empresariais** complexas, como os sistemas de gestão das relações com os clientes (CRM) e de planeamento dos recursos da empresa (ERP). Estas aplicações requerem uma estrutura robusta para lidar com grandes volumes de dados e regras comerciais complexas. A OOP permite que os programadores organizem o sistema em módulos separados que representam entidades empresariais, como clientes, empregados ou produtos, o que facilita a adaptação do sistema às necessidades da empresa. Como refere Pressman (2014), "a modularidade e o encapsulamento inerentes à POO são essenciais nos sistemas empresariais, onde a estabilidade e a escalabilidade são prioritárias" (p. 418).

Programação Funcional (FP)

A programação funcional (PF) é um paradigma de programação que se centra na criação de software através da aplicação de funções matemáticas, dando prioridade à imutabilidade dos dados e à ausência de efeitos secundários no fluxo de execução. Ao contrário de outros paradigmas, na PQ os dados são tratados como constantes e evitam-se modificações de estado, o que facilita a análise e a compreensão do código. Nas palavras de Abelson e Sussman (1996), "a programação funcional eleva o nível de abstração, permitindo que o foco esteja nas operações e relações matemáticas" (p. 124).

O foco principal da FP está na utilização de **funções puras**, que são aquelas que não dependem de variáveis externas e não afectam o estado do sistema, além de garantir que, dados os mesmos argumentos, produzirão sempre os mesmos resultados. Esta caraterística é fundamental para garantir um código mais previsível e fiável. De acordo com Bird e Wadler (1988), "o design funcional facilita a criação de programas concetualmente simples e matematicamente sólidos, o que reduz significativamente a probabilidade de erros" (p. 45).

Comparação com outros paradigmas de programação

Em comparação com a **programação estruturada** e a **programação orientada para os objectos** (POO), a programação funcional oferece uma abordagem distinta no seu tratamento de dados e fluxo de execução. Na programação estruturada, o código é organizado em blocos e assenta na utilização de estruturas de controlo como os loops e as condicionais. Em contrapartida, a FP evita estas estruturas, preferindo funções recursivas e expressões que não alteram o estado. Na POO, o código é organizado em torno de objectos que encapsulam dados e comportamentos, promovendo a modularidade através de classes e métodos. No entanto, a FP elimina esta organização, centrando o desenvolvimento em funções e minimizando a utilização de variáveis mutáveis, permitindo um estilo de programação mais declarativo e menos imperativo. Hughes (1990) argumenta que "a programação funcional reduz a dependência do estado do programa, o que elimina complexidades e facilita o desenvolvimento de sistemas concorrentes" (p. 28).

Um aspeto fundamental da FP é a **imutabilidade**, que contrasta com a flexibilidade que a OOP permite quando se modifica o estado de um objeto. Na programação funcional, os dados são imutáveis por defeito, e as operações que parecem modificar os dados geram de facto novas versões dos mesmos. Isto reduz os erros resultantes de alterações inesperadas do estado e facilita o trabalho com vários processos concorrentes sem conflitos de acesso aos dados.

Caraterísticas da programação funcional

Um dos pilares da programação funcional é a **imutabilidade** dos dados. Em FP, uma vez criada uma variável, o seu valor não pode ser alterado. Em vez de modificar o estado, cada função em FP devolve um novo valor, deixando os dados originais intactos.

A imutabilidade permite maior estabilidade e previsibilidade no código, pois reduz os efeitos colaterais. Como diz Clements (2013), "a imutabilidade ajuda a garantir que os dados permaneçam consistentes e não sejam afectados por alterações noutras partes do programa, o que é essencial em aplicações que requerem elevada fiabilidade" (p. 119).

Outra caraterística distintiva da FP são as **funções de ordem superior**, que são funções que podem receber outras funções como argumentos ou devolvê-las como resultados. Isto permite criar abstracções e reutilizar código de uma forma flexível e concisa. Este conceito é essencial para o PF, pois facilita a composição e reutilização de funções sem a necessidade de estruturas complexas. De acordo com Wadler (1992), "as funções de ordem superior são uma das caraterísticas mais poderosas da programação funcional, uma vez que permitem a expressão de padrões computacionais de uma forma elegante e compacta" (p. 39).

Linguagens populares em programação funcional

Haskell

Haskell é uma das linguagens de programação puramente funcionais mais conhecidas, utilizada no meio académico e em algumas aplicações comerciais. Concebida em 1990, Haskell promove a imutabilidade dos dados e a utilização de funções puras, bem como a implementação de um sistema de tipos forte e estático que ajuda a detetar erros em tempo de compilação. Em Haskell, os programas são desenvolvidos usando expressões matemáticas, o que reflecte de perto os princípios da FP. Jones e Hughes (2003) referem que "Haskell tornou-se um padrão para a investigação em programação funcional devido à sua pureza e à sua conceção baseada na lógica matemática" (p. 215).

Scala e F#

Outras linguagens de programação, como **Scala** e **F#**, combinam caraterísticas de FP com outros paradigmas, principalmente orientados a objectos, permitindo o melhor dos dois mundos. **Scala**, criada em 2003, integra conceitos de OOP e FP, permitindo aos programadores aplicar ambos os paradigmas sem problemas. Esta linguagem é popular no desenvolvimento de sistemas concorrentes e de alto desempenho, uma vez que suporta a imutabilidade dos dados e a utilização de funções de ordem superior, ao mesmo tempo que oferece compatibilidade com as bibliotecas Java. Como refere Odersky (2004), "Scala foi concebida para permitir uma transição gradual para a programação funcional, sem sacrificar a eficiência ou a adaptabilidade a projectos existentes" (p. 8).

O F# é outro exemplo de uma linguagem funcional que opera no ambiente .NET e permite a combinação de FP e programação orientada a objectos. Graças a esta versatilidade, o F# é utilizado em áreas como a ciência dos dados e a análise financeira. De acordo com Syme, Granicz e Cisternino (2012), "o F# fornece uma abordagem funcional no framework .NET, permitindo que os desenvolvedores se beneficiem da imutabilidade e expressividade do FP sem abrir mão do poder do ecossistema .NET" (p. 72).

Exemplos práticos de aplicações de programação funcional

A programação funcional encontra aplicações em várias áreas onde é necessário processar grandes volumes de dados ou onde a concorrência é um fator crítico. Um exemplo disto é o **processamento de dados**, onde a FP permite a manipulação de colecções de dados através de operações como map, filter e reduce, facilitando a análise de grandes conjuntos de dados de uma forma eficiente e paralela. Esta metodologia é utilizada em sistemas de análise de dados e motores de recomendação, onde a imutabilidade e a ausência de efeitos secundários contribuem para um processamento seguro e escalável.

Outra área em que a programação funcional é amplamente aplicada é no desenvolvimento de **sistemas concorrentes**, como servidores Web e aplicações distribuídas. Nestes casos, a imutabilidade da FP reduz os riscos de condições de corrida e outros erros comuns na concorrência. Além disso, frameworks baseados em FP, como o **Akka** em Scala, permitem que múltiplos processos sejam tratados em paralelo sem conflitos de acesso a dados, garantindo um desempenho eficiente e previsível. Como refere Kleppmann (2017), "a programação funcional oferece uma abordagem robusta para o desenvolvimento de sistemas concorrentes, evitando a dependência do estado partilhado, o que permite um desempenho mais estável" (p. 149).

A programação funcional como paradigma fundamental na evolução do software

A programação funcional (PF), com a sua ênfase na utilização de funções puras, na imutabilidade e na abstração matemática, revolucionou a forma como são abordados os problemas complexos de software. Em contraste com outros paradigmas de programação, a PF coloca uma ênfase significativa na criação de funções que não alteram o estado do sistema nem dependem de dados mutáveis, o que reduz consideravelmente os erros inesperados e facilita a depuração e manutenção do código. Esta caraterística tornou-se especialmente valiosa à medida que os sistemas distribuídos e concorrentes cresceram em complexidade e prevalência. Nestes sistemas, em que vários processos devem ser executados simultaneamente e sem interferência entre eles, a imutabilidade dos dados e a utilização de funções de ordem superior permitem que as aplicações sejam mais seguras e eficientes. Além disso, essas propriedades ajudam a evitar efeitos colaterais indesejados, como condições de corrida, que são comuns em ambientes de execução paralela. Como observa Hudak (1989), "a programação funcional lançou as bases para uma nova forma de pensar sobre o desenvolvimento de software, trazendo maior clareza e precisão à forma como os programas são concebidos" (p. 76). Esta nova abordagem à programação facilita a criação de aplicações que são não só mais fáceis de compreender, mas também mais robustas face à evolução dos requisitos e da escalabilidade, tornando a PF uma escolha cada vez mais popular no desenvolvimento moderno de software.

Capítulo 4: As línguas modernas e a inteligência artificial

O conceito de "linguagens modernas" em programação refere-se às linguagens que surgiram nas últimas décadas, especificamente concebidas para responder às crescentes exigências de processamento de grandes volumes de dados, execução paralela e suporte de aplicações avançadas como a inteligência artificial (IA). Com o avanço da tecnologia, as linguagens modernas adaptaram-se para responder não só à eficiência e facilidade de desenvolvimento, mas também aos desafios únicos apresentados por aplicações como a aprendizagem automática, a análise avançada e os sistemas autónomos. Estas linguagens não se concentram apenas em melhorar a produtividade dos programadores, mas são também optimizadas para lidar com operações com grande intensidade de dados, como as encontradas na análise de grandes conjuntos de dados, em tempo real. Além disso, muitas destas linguagens são concebidas com caraterísticas que facilitam a paralelização de tarefas, o que é essencial para resolver problemas complexos e de grande escala, como os que se encontram na inteligência artificial. Segundo Van Rossum (2020), estas linguagens "foram concebidas para responder aos desafios actuais da programação, como a paralelização de tarefas, a facilidade de utilização e a integração com ferramentas avançadas de análise de dados" (p. 23). A importância destas caraterísticas reside na necessidade de aproveitar o poder dos sistemas actuais para realizar cálculos complexos a uma velocidade óptima, permitindo o processamento maciço de dados em tempo real e apoiando as capacidades de aprendizagem automática que estão no centro de muitas aplicações de IA.

Neste contexto, as linguagens modernas não só proporcionam uma sintaxe mais acessível e fácil de desenvolver, como também oferecem optimizações específicas para o tratamento de grandes volumes de dados. Isto torna-as ideais para tarefas computacionalmente intensivas, como o processamento de dados na nuvem, a análise preditiva e a criação de modelos de inteligência artificial. Além disso, ao serem concebidas para suportar a concorrência e o paralelismo, estas linguagens permitem que os programadores escrevam código que pode ser executado de forma eficiente em vários segmentos de processamento em simultâneo, o que é fundamental em áreas como a simulação, a previsão e a otimização de algoritmos.

A evolução destas linguagens tem acompanhado o avanço da tecnologia de IA e da ciência dos dados. Enquanto as linguagens tradicionais, como C ou Java, eram fundamentais para a computação clássica, as linguagens mais recentes, como Python, R, Julia e outras, incorporaram caraterísticas específicas que facilitam o desenvolvimento de algoritmos de aprendizagem automática, o processamento de linguagem natural e outras aplicações de IA. Como refere Thompson (2019), "o aparecimento destas linguagens reflecte uma transformação na abordagem à programação, dando prioridade à acessibilidade e à capacidade de lidar com dados maciços e modelos complexos" (p. 54).

Este capítulo explora as linguagens modernas que revolucionaram o desenvolvimento da IA e o tratamento de grandes volumes de dados. Cada uma destas linguagens oferece caraterísticas que as tornam adequadas para tarefas de IA, desde o processamento de dados até à implementação de modelos de aprendizagem profunda. A secção aborda a forma como cada uma destas linguagens contribuiu para o crescimento da IA, salientando os seus pontos fortes e fracos neste domínio.

Python

Python é uma linguagem de programação de alto nível, interpretada e de uso geral, criada em 1991 por Guido van Rossum. A sua conceção privilegia a clareza e a simplicidade da sintaxe, o que permite que tanto os programadores principiantes como os experientes a compreendam facilmente. De acordo com van Rossum, "Python foi criada para ser uma linguagem intuitiva que promove o desenvolvimento rápido de aplicações, sendo acessível e fácil de ler sem sacrificar o poder" (van Rossum, 2003, p. 12). Esta abordagem faz do Python uma ferramenta ideal para projectos de ciência de dados e inteligência artificial (IA), onde a acessibilidade e a rapidez são essenciais.

Python tornou-se popular no domínio da ciência dos dados e da IA devido à sua facilidade de aprendizagem e à capacidade de se concentrar na análise de dados e na construção de modelos sem se preocupar demasiado com os aspectos técnicos da linguagem. Como salienta o autor McKinney (2017) no seu trabalho sobre a utilização de Python para a análise de dados, "a simplicidade e a versatilidade de Python têm sido factores-chave na sua adoção em massa no domínio da ciência dos dados" (p. 28). A sua estrutura simples e a ausência de uma sintaxe rígida fazem do Python uma linguagem acessível, o que facilitou a sua utilização em várias disciplinas e o tornou a linguagem de eleição para o ensino da programação e da ciência dos dados (Zelle, 2017, p. 43).

Sintaxe

A sintaxe do Python é minimalista, baseada numa estrutura que elimina elementos desnecessários, como pontos e vírgulas nas linhas de código, que são comuns noutras linguagens. Esta conceção permite que os programadores se concentrem na lógica dos seus algoritmos e não na complexidade da sintaxe, o que é essencial no desenvolvimento de modelos de IA. Como refere Lutz (2013), "a estrutura legível de Python facilita a colaboração em projectos de ciência de dados e IA, em que as equipas precisam de compreender e modificar o código de forma rápida e eficiente" (p. 19). Esta simplicidade promove a modularidade e a clareza em projectos de grande escala, o que é essencial em projectos complexos de IA que requerem colaboração interdisciplinar.

Versatilidade e comunidade ativa

Outro destaque do Python é a sua versatilidade, que permite a sua adaptação a uma grande variedade de aplicações, desde o desenvolvimento web à automatização de processos e à análise de dados. Além disso, Python tem uma comunidade ativa que contribui constantemente para o desenvolvimento de bibliotecas e ferramentas especializadas. Como refere Grus (2019), "Python é impulsionado por uma comunidade grande e colaborativa, que facilita a resolução de problemas e o desenvolvimento de bibliotecas específicas para IA e ciência dos dados" (p. 62). A comunidade ativa garante que a linguagem continua a evoluir para se adaptar às exigências emergentes da tecnologia, especialmente em áreas como a IA e a aprendizagem automática.

Ecossistema de bibliotecas de ciência de dados e IA

O ecossistema de bibliotecas Python é um dos factores mais relevantes para a sua popularidade no domínio da ciência dos dados e da IA. Estas bibliotecas oferecem ferramentas específicas para a análise e manipulação de dados, a visualização e a construção de modelos de aprendizagem automática.

NumPy e Pandas: Manipulação e análise de dados

NumPy e pandas são bibliotecas fundamentais no tratamento e análise de dados em Python. O NumPy, que permite a utilização de matrizes e operações matemáticas avançadas, é essencial para a computação numérica e o processamento de dados. O Pandas, por outro lado, fornece estruturas de dados que simplificam a manipulação e a análise de dados estruturados. Segundo Wes McKinney, criador do pandas, "a biblioteca pandas foi concebida para ajudar analistas de dados e cientistas a manipular e limpar grandes volumes de informação" (McKinney, 2017, p. 46). Estas bibliotecas são amplamente utilizadas na ciência dos dados devido à sua eficiência e facilidade de trabalhar com grandes conjuntos de dados.

Scikit-Learn: Ferramenta de aprendizagem automática

O Scikit-Learn é uma biblioteca que permite implementar facilmente algoritmos de aprendizagem automática, tornando o Python acessível a todos os que pretendem construir modelos preditivos. De acordo com Pedregosa et al. (2011), "Scikit-Learn fornece uma vasta gama de ferramentas de modelação, desde regressão linear a algoritmos de agrupamento e classificação, permitindo aos utilizadores experimentar diferentes métodos de aprendizagem sem necessidade de conhecimentos profundos de programação" (p. 55). A biblioteca tem sido fundamental para a popularização do Python no domínio da aprendizagem automática, uma vez que facilita o processo de construção e avaliação de modelos.

TensorFlow e PyTorch: redes neurais e aprendizagem profunda

As bibliotecas TensorFlow e PyTorch estabeleceram o Python como a linguagem de eleição para o desenvolvimento de redes neuronais e a aprendizagem profunda. O TensorFlow, desenvolvido pela Google, permite o treino de modelos complexos e tem suporte para execução em GPU, o que é essencial para aplicações de IA com grande volume de dados. O PyTorch, desenvolvido pelo Facebook, destaca-se pela sua flexibilidade e facilidade de utilização, sendo amplamente utilizado na investigação académica e em projectos experimentais. Nas palavras de Chollet (2018), "o TensorFlow e o PyTorch democratizaram o acesso à aprendizagem profunda, permitindo que investigadores e programadores implementem redes neurais complexas com facilidade" (p. 73).

Aplicações práticas de Python em Inteligência Artificial e Ciência de Dados

Exemplos em IA

Python tem sido a linguagem de eleição para uma grande variedade de aplicações de IA, incluindo modelos de aprendizagem automática para análise preditiva e processamento de linguagem natural (PNL). No domínio da análise preditiva, o Python tem sido utilizado no desenvolvimento de modelos para prever tendências de mercado, analisar dados de consumidores e otimizar a tomada de decisões em tempo real. De acordo com Géron (2019), "Python facilitou a criação de modelos preditivos e a sua implementação em aplicações empresariais, permitindo às empresas tomar decisões com base em dados e não em suposições" (p. 34).

O processamento de linguagem natural é outro domínio em que o Python provou ser fundamental, especialmente com a ajuda de bibliotecas como o Natural Language Toolkit (NLTK) e o spaCy. Estas ferramentas permitem analisar e compreender textos em linguagem natural, o que é essencial para aplicações de análise de sentimentos, chatbots e tradutores automáticos. Bird et al. (2009) referem que "o NLTK transformou o processamento de linguagem natural em Python, fornecendo aos programadores uma plataforma para implementar e experimentar modelos de PLN" (p. 22).

Educação e acessibilidade

Python ganhou popularidade como linguagem de ensino em programação e ciência de dados devido à sua simplicidade e acessibilidade. Ao contrário das linguagens mais complexas, Python permite que os alunos se concentrem na lógica de programação e na análise de dados sem se perderem em pormenores de sintaxe. Como afirmam Zelle (2017) e Grus (2019), "a facilidade de aprendizagem de Python e a sua aplicabilidade em vários domínios fizeram da linguagem uma escolha ideal para as instituições de ensino que desejam introduzir os seus alunos no mundo da programação e da ciência dos dados" (Zelle, p. 43; Grus, p. 47).

Além disso, devido à sua versatilidade e à grande quantidade de recursos disponíveis em linha, Python é acessível aos auto-aprendizes que procuram desenvolver competências em IA e ciência dos dados. O grande número de cursos, documentação e fóruns de apoio disponíveis fez do Python uma das linguagens mais acessíveis e amplamente utilizadas para aprender e aplicar a inteligência artificial (IA). Esta acessibilidade tem sido fundamental para a sua adoção, tanto por estudantes recém-chegados a esta área como por profissionais que pretendem incorporar a IA nos seus projectos. Python democratizou o acesso à IA e à ciência dos dados, permitindo que pessoas de diversas disciplinas, da biologia à economia, se envolvam no desenvolvimento e na investigação nestes domínios avançados. Além disso, a sua sintaxe simples e a extensa biblioteca de ferramentas especializadas, como o TensorFlow, o Scikit-learn e o Pandas, proporcionam um ambiente eficiente para a implementação de modelos e a realização de análises complexas. Como referem Müller e Guido (2016), "a acessibilidade do Python permitiu que pessoas de todas as disciplinas entrassem no domínio da IA e da ciência dos dados, democratizando o acesso ao conhecimento nestes domínios" (p. 91). Este aspeto da acessibilidade é crucial, pois permitiu que tanto principiantes como especialistas em diversas áreas do conhecimento contribuíssem para o desenvolvimento de aplicações de IA, possibilitando um intercâmbio interdisciplinar que beneficia grandemente a investigação e a inovação.

R

O R é outra linguagem de programação que ganhou um lugar de destaque no domínio da análise de dados e da estatística. Ao contrário do Python, cuja utilização na IA é mais geral, o R foi especificamente concebido para a análise estatística e a visualização de dados. Criado pelos estatísticos Robert Gentleman e Ross Ihaka nos anos

90, o R surgiu como resposta à necessidade de uma ferramenta mais flexível e poderosa para a análise quantitativa. A sua conceção baseia-se no processamento estatístico avançado, tornando-o a escolha preferida dos investigadores académicos e analistas de dados que necessitam de efetuar análises precisas e apresentar os resultados de forma clara. No seu núcleo, o R oferece uma vasta gama de funções e pacotes estatísticos que lhe permitem efetuar tudo, desde simples cálculos descritivos a simulações complexas de modelos estatísticos.

Um dos pontos fortes do R é a sua capacidade de tratar grandes volumes de dados e efetuar visualizações detalhadas dos resultados. Isto torna-o uma ferramenta ideal para a análise de dados em sectores como a biomedicina, a economia e as ciências sociais, onde dados complexos exigem uma análise rigorosa. De acordo com Beckerman e Petchey (2012), "o R transformou a investigação estatística ao oferecer uma linguagem que é simultaneamente poderosa e acessível para a análise de dados complexos" (p. 8). Esta combinação de poder e acessibilidade permitiu que o R se tornasse uma ferramenta fundamental para quem procura realizar análises estatísticas complexas e apresentá-las eficazmente, quer em relatórios académicos, investigação científica ou aplicações empresariais.

Assim, enquanto Python tem dominado em áreas mais gerais da inteligência artificial e da ciência dos dados, R continua a ser uma linguagem altamente valorizada em contextos em que a estatística e a visualização detalhada de dados são cruciais. As duas linguagens provaram ser complementares em muitos aspectos, com o R a destacar-se em tarefas que requerem uma análise estatística complexa e o Python a ser mais adequado à implementação de algoritmos de aprendizagem automática e à análise de grandes volumes de dados.

O R destaca-se principalmente em domínios em que a estatística é crucial, como a biologia, a epidemiologia, as finanças e os estudos de ciências sociais. Nestes domínios, a sua capacidade de lidar com modelos estatísticos complexos tem sido particularmente valiosa. Como refere Kabacoff (2015), "o R é amplamente reconhecido na comunidade académica como um padrão de facto para a análise de dados estatísticos" (p. 15). Ao contrário de linguagens como Python, que abrange múltiplos domínios de aplicação, R concentra-se na análise de dados e na estatística, sendo especialmente útil em IA para tarefas de extração de dados e aprendizagem automática que exigem um elevado nível de precisão no processamento de dados.

Bibliotecas em destaque no R

Uma das razões pelas quais o R ganhou popularidade é o seu extenso ecossistema de bibliotecas especializadas, que fornecem ferramentas avançadas para várias tarefas em ciência de dados e estatística. Entre estas encontram-se o ggplot2 e o caret, que foram amplamente adoptados pela comunidade académica e de ciência de dados devido à sua flexibilidade e poder.

- **ggplot2**: Esta biblioteca, desenvolvida por Hadley Wickham, baseia-se no conceito de gramáticas gráficas e permite a criação de visualizações pormenorizadas e personalizáveis. Segundo Wickham (2016), "o ggplot2 permite construir gráficos complexos através da combinação de elementos simples, facilitando a criação de visualizações de dados de alta qualidade" (p. 34). Graças a esta biblioteca, os cientistas de dados podem transformar grandes conjuntos de dados em gráficos claros e significativos que facilitam a compreensão de padrões e tendências.

- **caret**: No domínio da modelação preditiva, o caret (Classification and Regression Training) oferece um conjunto de ferramentas que permite aos investigadores realizar tarefas de pré-processamento, seleção de caraterísticas e ajuste de modelos. Kuhn e Johnson (2013) referem que "a caret simplifica o processo de construção de modelos preditivos em R, fornecendo um quadro consistente para a implementação e comparação de vários algoritmos de aprendizagem automática" (p. 56). Esta biblioteca é utilizada tanto em aplicações de investigação como comerciais, uma vez que oferece suporte para uma grande variedade de modelos preditivos, o que é essencial em projectos de IA.

Júlia

Julia é uma linguagem de programação de alto desempenho que foi criada em 2012 por Jeff Bezanson, Stefan Karpinski, Viral Shah e Alan Edelman, com o objetivo de combinar a velocidade do código compilado com a simplicidade de linguagens interpretadas como Python e R. Como referem Bezanson et al. (2017), "Julia foi concebida para proporcionar a velocidade das linguagens de baixo nível, como o C, juntamente com a facilidade de utilização das linguagens de alto nível, tornando-a ideal para aplicações científicas que requerem um processamento numérico intensivo" (p. 45). Esta combinação de desempenho e simplicidade permitiu que o Julia se posicionasse como uma opção atractiva para projectos em que a velocidade de execução é crítica, especialmente em simulações científicas e aplicações de IA em grande escala.

A principal força da linguagem Julia reside na sua capacidade de lidar eficazmente com cálculos intensivos. A linguagem permite a execução rápida de operações matemáticas complexas, graças ao seu suporte para processamento paralelo e multi-core. Além disso, Julia é capaz de se integrar com outras linguagens, permitindo aos cientistas tirar partido das suas ferramentas em combinação com outras linguagens especializadas de análise de dados. De acordo com Edelman (2018), "Julia oferece aos investigadores a capacidade de criar algoritmos eficientes e escaláveis sem sacrificar a facilidade de desenvolvimento, o que é fundamental em domínios como a IA e a aprendizagem automática" (p. 62).

Casos de utilização de Julia na IA e na ciência dos dados

Julia tem encontrado aplicações notáveis em domínios científicos e de engenharia, onde o seu desempenho é essencial para a resolução de problemas complexos. Um exemplo proeminente é a utilização de Julia na modelação de sistemas de simulação científica, como na investigação climática e na física de partículas. Como explica Perkel (2019), "Julia tem sido adoptada em investigação que requer simulações complexas devido à sua velocidade e capacidade de lidar com grandes volumes de dados" (p. 65). A simulação de sistemas físicos e a modelação numérica em áreas como a bioinformática e a inteligência artificial são domínios em que Julia tem demonstrado grande potencial.

Outro caso de utilização proeminente de Julia é no sector financeiro, onde a análise em tempo real de grandes volumes de dados é fundamental. De acordo com Rackauckas et al. (2020), "Julia tem sido utilizada em aplicações financeiras quantitativas para efetuar cálculos de elevado desempenho, permitindo o processamento de transacções em tempo real e a análise de dados financeiros complexos" (p. 78). A capacidade de Julia para lidar com cálculos de alta precisão torna-a uma escolha ideal para modelos de IA que exigem velocidade e precisão, como na análise preditiva de riscos financeiros e na deteção de fraudes.

Julia também oferece ferramentas e bibliotecas especializadas para o desenvolvimento de redes neuronais e modelos de aprendizagem automática. Flux.jl, uma biblioteca Julia nativa para o desenvolvimento de redes neurais, permite aos investigadores criar modelos de aprendizagem profunda de forma eficiente e com uma sintaxe simplificada. Como observam Innes et al. (2018), "Flux.jl aproveita as capacidades de Julia para criar modelos de aprendizagem profunda que podem ser optimizados e executados de forma eficiente em aplicações de IA" (p. 38).

JavaScript

O JavaScript é uma linguagem de programação que se estabeleceu como um dos pilares do desenvolvimento Web, sendo crucial para a criação de aplicações dinâmicas e para a interação do lado do cliente. Introduzida em 1995, foi inicialmente concebida para melhorar a interação do browser e, ao longo do tempo, evoluiu para suportar aplicações do lado do servidor e do lado do cliente, em grande parte graças ao seu ambiente de execução Node.js. De acordo com Flanagan (2020), "o JavaScript é a linguagem dominante para o desenvolvimento de aplicações Web, devido à sua versatilidade e capacidade de execução em diferentes ambientes" (p. 23). O seu papel no desenvolvimento de IA surgiu recentemente, uma vez que foram desenvolvidas bibliotecas especializadas que alargam o seu alcance para além das aplicações Web tradicionais.

Bibliotecas JavaScript para Inteligência Artificial

No domínio da IA, o JavaScript começou a ganhar terreno, principalmente devido a bibliotecas como TensorFlow.js, Brain.js e Synaptic, que facilitam a implementação de modelos de aprendizagem automática diretamente no browser ou em aplicações de servidor. Com o TensorFlow.js, desenvolvido pelo Google, os desenvolvedores podem criar, treinar e implantar modelos de aprendizado profundo usando apenas JavaScript. De acordo com Sefcik (2019), "o TensorFlow.js permite que modelos de aprendizagem profunda sejam executados em navegadores da Web, democratizando o acesso à IA sem a necessidade de conhecimentos profundos de infraestrutura" (p. 32). Esta capacidade abre a porta a uma vasta gama de aplicações de IA em dispositivos móveis e plataformas Web, permitindo aos programadores integrar a funcionalidade de IA de uma forma acessível e eficiente.

- **TensorFlow.js**: O TensorFlow.js permite a execução de modelos de aprendizagem automática no navegador, o que é útil para aplicações que requerem análises em tempo real do lado do cliente, como a deteção de imagens e o processamento de linguagem natural. Sefcik (2019) destaca que "com o TensorFlow.js, as aplicações podem aproveitar o poder da IA sem a necessidade de transferir dados para servidores externos, o que melhora a privacidade e a eficiência" (p. 38).
- **Brain.js**: Brain.js é uma biblioteca leve que simplifica o uso de redes neurais em JavaScript. Utilizada no contexto de aplicações Web, permite que os programadores criem modelos de previsão e classificação sem conhecimentos profundos de algoritmos de aprendizagem automática. De acordo com Williams (2018), "Brain.js oferece uma interface amigável para o desenvolvedor, facilitando a integração de redes neurais em aplicativos da web e móveis" (p. 42).

Aplicações JavaScript em Inteligência Artificial

O JavaScript, em combinação com as suas bibliotecas de IA, permitiu uma nova gama de aplicações nos navegadores Web, resultando em experiências de utilizador mais personalizadas e em aplicações que realizam um processamento avançado sem necessitar de servidores de elevado desempenho. Um exemplo notável é a deteção de gestos com base na câmara, utilizada em aplicações interactivas de educação e entretenimento. Como refere Pollock (2021), "o JavaScript permitiu aos programadores integrar algoritmos de

IA em aplicações do lado do cliente, o que possibilita a criação de experiências interactivas sem sobrecarregar a infraestrutura do servidor" (p. 51). Além disso, no contexto das plataformas de comércio eletrónico, a integração do JavaScript com a IA facilita as recomendações de produtos e a personalização da experiência de compra, tirando partido do processamento em tempo real para melhorar a interação com o utilizador.

Rubi

Ruby é uma linguagem de programação dinâmica e de alto nível que se destaca pela sua simplicidade e facilidade de utilização, especialmente no desenvolvimento Web. Criada por Yukihiro Matsumoto em 1995, Ruby foi concebida para melhorar a produtividade dos programadores e dar prioridade à legibilidade do código em detrimento do desempenho. De acordo com Matsumoto (2014), "Ruby é uma linguagem focada na simplicidade e produtividade, onde a programação se torna um processo natural de criação" (p. 7). Embora historicamente tenha sido principalmente associada ao desenvolvimento web, especialmente através da estrutura Ruby on Rails, nos últimos anos começou a encontrar aplicações no domínio da IA, apoiada pela sua comunidade e pelo aparecimento de novas bibliotecas.

Bibliotecas Ruby para Inteligência Artificial

O Ruby tem um ecossistema de bibliotecas mais limitado em comparação com o Python ou o JavaScript, mas ainda tem ferramentas que permitem a implementação de modelos de IA em aplicações. Destacam-se o ruby-fann e o SciRuby, duas bibliotecas que facilitam o desenvolvimento de redes neurais e análise de dados, respetivamente, e que contribuíram para que o Ruby fosse considerado em projectos que requerem capacidades de IA.

- **ruby-fann**: Baseada na biblioteca de redes neurais Fast Artificial Neural Network (FANN), ruby-fann permite que os desenvolvedores implementem redes neurais simples em Ruby. Esta biblioteca tem sido usada em aplicações de reconhecimento de padrões e classificação básica. De acordo com Benson e Jones (2017), "ruby-fann fornece uma porta de entrada para o aprendizado de máquina para desenvolvedores de Ruby, permitindo que eles experimentem redes neurais em aplicativos simples" (p. 43).
- **SciRuby**: SciRuby é uma coleção de bibliotecas orientadas para a análise de dados, semelhante ao Python pandas. Com o SciRuby, os programadores podem efetuar análises estatísticas e de séries temporais, o que é útil em aplicações de ciência de dados e projectos de IA que não exigem um elevado grau de complexidade de modelização. Como explica Rommel (2019), "o SciRuby permite que os programadores de Ruby realizem tarefas de análise de dados sem a necessidade de mudar para uma linguagem especializada como o Python" (p. 60).

Casos de utilização de Ruby em Inteligência Artificial

A linguagem Ruby tem sido utilizada em aplicações de IA principalmente em ambientes de desenvolvimento Web, onde a funcionalidade da IA tem de ser integrada em aplicações existentes. Um caso proeminente é o das recomendações personalizadas, utilizadas em plataformas de comércio eletrónico e de redes sociais, em que a linguagem Ruby permite tratar a lógica comercial e a personalização de conteúdos através de algoritmos básicos de aprendizagem automática. De acordo com Hunter (2020), "o Ruby, embora limitado em comparação com outras linguagens, permite que os modelos de IA sejam facilmente integrados em plataformas Web, tirando partido da sua sintaxe clara e da velocidade de desenvolvimento" (p. 28). Nestes contextos, o Ruby facilita a integração de capacidades de IA sem que a equipa de desenvolvimento tenha de adotar uma linguagem completamente nova, o que é uma vantagem em equipas pequenas ou em aplicações com um ciclo de desenvolvimento rápido.

O futuro das linguagens de programação

Tendências emergentes nas linguagens de programação de IA

O avanço da inteligência artificial (IA) gerou uma procura crescente de linguagens e ferramentas de programação que permitam um desenvolvimento ágil, intuitivo e eficiente de soluções baseadas em IA. No contexto atual, a tecnologia está em constante evolução e as linguagens de programação devem também adaptar-se para responder às necessidades de um ambiente cada vez mais automatizado. Neste sentido, é essencial compreender as tendências emergentes que irão moldar o futuro das linguagens de programação de IA.

Aumento da utilização da inteligência artificial no desenvolvimento de software

A inteligência artificial está a alterar profundamente a forma como as linguagens de programação são desenvolvidas, com o objetivo de as tornar mais acessíveis e eficientes no contexto de projectos complexos. De acordo com Boucher (2021), "as linguagens de programação do futuro não só facilitarão a criação de modelos de IA, como também integrarão capacidades de aprendizagem automática para melhorar a própria experiência de desenvolvimento" (p. 45). Isto significa que as linguagens modernas devem ter caraterísticas que permitam que os modelos de IA sejam desenvolvidos intuitivamente sem que os programadores tenham um conhecimento profundo de matemática ou estatística avançada.

Por exemplo, a linguagem Python ganhou popularidade, em parte devido à sua facilidade de utilização e à vasta gama de bibliotecas para o desenvolvimento da IA, demonstrando a importância de uma linguagem acessível num domínio complexo. Do mesmo modo, o desenvolvimento de ferramentas como o AutoML, que automatizam os processos de aprendizagem automática, sugere uma tendência para a criação de interfaces de programação simplificadas, em que a IA assume uma parte significativa do processo técnico. Martin e Yost (2020) explicam que "o AutoML abriu a porta a especialistas de diferentes domínios para utilizarem modelos de IA sem conhecimentos técnicos extensivos em programação ou análise de dados" (p. 102).

A interoperabilidade como pilar em projectos complexos de IA

A interoperabilidade entre diferentes linguagens e plataformas é uma questão central no desenvolvimento de software de IA e automação, uma vez que permite a integração de diversas ferramentas, sistemas e ambientes num único fluxo de trabalho eficiente. Nas palavras de Johnson (2021), "a interoperabilidade é crucial para maximizar a produtividade em projectos complexos, uma vez que facilita a comunicação entre diferentes tecnologias e linguagens de programação" (p. 63). Esta necessidade levou ao desenvolvimento de interfaces e linguagens intermédias que permitem aos programadores combinar recursos de diferentes linguagens, como Python e JavaScript, numa única aplicação.

Uma das estratégias para alcançar a interoperabilidade na IA é a utilização de API normalizadas e de bibliotecas multilingues, que permitem aos programadores implementar e executar modelos em diferentes ambientes. Plataformas como o

TensorFlow e o PyTorch posicionaram-se no mercado devido à sua compatibilidade com múltiplas linguagens e frameworks, o que aumenta a sua flexibilidade e adaptabilidade. De acordo com Lewis (2022), "a capacidade de integrar várias linguagens num único projeto é uma tendência que continuará a crescer, uma vez que cada linguagem traz pontos fortes específicos e necessários ao desenvolvimento de IA" (p. 94).

Papel das linguagens de programação na automatização

A automatização é uma das áreas em que as linguagens de programação estão a ter um impacto significativo, e a tendência é que esta influência aumente no futuro. Em sectores como a saúde, as finanças e a indústria, as linguagens de programação modernas permitem automatizar tarefas repetitivas e processos complexos, poupando tempo e recursos e reduzindo a possibilidade de erro humano.

Automatização de tarefas repetitivas

A capacidade das linguagens de programação para automatizar tarefas repetitivas é fundamental para melhorar a eficiência das empresas. O Python, por exemplo, é amplamente utilizado para a automatização de tarefas graças à sua simplicidade e ao seu ecossistema de bibliotecas, como o pandas e o scrapy. De acordo com Williams (2019), "Python facilitou muito a automatização de tarefas no sector financeiro, onde é essencial analisar grandes volumes de dados e gerar relatórios precisos" (p. 75). Outro exemplo é o sector da saúde, onde Python é utilizado para automatizar o processamento de imagens médicas e a extração de dados de pacientes, permitindo um fluxo de trabalho contínuo e fiável em hospitais e clínicas.

O JavaScript, no contexto da automatização, encontrou o seu lugar no desenvolvimento Web, nomeadamente na personalização da experiência do utilizador.

Com tecnologias como o Node.js e ferramentas de processamento em tempo real, tornou-se uma ferramenta fundamental para personalizar a automatização na interação do utilizador com as aplicações Web. De acordo com Carson (2020), "o JavaScript, combinado com a automatização, está a permitir a criação de experiências personalizadas em tempo real, o que é crucial em indústrias como o comércio eletrónico" (p. 83).

Automação na indústria

A automatização na indústria é outro domínio em que as linguagens de programação modernas revolucionaram a produção e a gestão de tarefas. A capacidade de desenvolver sistemas de IA que optimizam e monitorizam o desempenho em tempo real permitiu às indústrias reduzir custos e melhorar a qualidade dos seus produtos. Julia, uma linguagem de programação conhecida pelo seu desempenho em aplicações numericamente intensivas, foi adoptada em ambientes industriais para simulações complexas e otimização de processos. De acordo com Eriksson (2021), "Julia está a ganhar popularidade na indústria transformadora e de engenharia pela sua capacidade de executar cálculos complexos a alta velocidade, o que é essencial para aplicações de controlo e simulação" (p. 38).

No sector da logística, linguagens como o R e o Python estão a ser utilizadas para desenvolver modelos de otimização de rotas e de previsão da procura. Estas linguagens, juntamente com as suas bibliotecas de análise de dados e algoritmos de otimização, permitem a gestão de grandes quantidades de dados e a tomada de decisões em tempo real. Brooks e Patel (2022) argumentam que "a integração de R e Python na logística permitiu às empresas melhorar a exatidão das suas previsões e reduzir os custos na cadeia de abastecimento" (p. 57). Neste sentido, a capacidade de automatizar os processos logísticos através de linguagens de programação conduziu a uma maior competitividade no mercado global.

Relevância na Inteligência Artificial e na Aprendizagem Automática

A relevância destas linguagens na IA reside não só nas suas aplicações actuais, mas também na forma como estão a moldar o futuro da inteligência artificial e da aprendizagem automática. A flexibilidade e extensibilidade destas linguagens, bem como as suas comunidades activas e ecossistemas de bibliotecas, permitem o desenvolvimento de tudo, desde modelos básicos de aprendizagem automática a aplicações complexas de IA com impacto em sectores críticos.

No domínio da aprendizagem automática, Python tem desempenhado um papel essencial. A sua popularidade e facilidade de utilização permitiram que se tornasse a norma de facto no ensino da IA e na construção de modelos de aprendizagem automática. De acordo com Marti (2022), "Python tornou a aprendizagem automática mais acessível ao permitir que programadores e estudantes criem modelos de forma relativamente simples utilizando bibliotecas bem documentadas como scikit-learn e TensorFlow" (p. 120). Além disso, ferramentas como o Jupyter Notebook impulsionaram a utilização de Python para a análise de dados e o desenvolvimento de IA, permitindo aos programadores visualizar os resultados em tempo real, o que é fundamental para a experimentação e a afinação de modelos.

No contexto da análise preditiva, o R continua a ser uma escolha sólida, particularmente em aplicações em que é necessária uma análise estatística profunda e uma visualização de dados robusta. Os cientistas de dados das instituições financeiras e governamentais utilizam frequentemente o R para criar modelos preditivos que antecipam tendências nos mercados financeiros e padrões de consumo. De acordo com Brose (2021), "o poder estatístico do R, combinado com a sua capacidade de gerar visualizações claras e exactas, torna-o uma ferramenta insubstituível para a análise preditiva de grandes volumes de dados" (p. 89).

Entretanto, o Julia está a começar a ser adotado em áreas em que a velocidade e o desempenho são críticos. Na investigação em biologia computacional e física teórica, o Julia tem permitido a criação de modelos de simulação detalhados e complexos. Isto deve-se à sua capacidade de executar cálculos numéricos e operações matemáticas complexas a alta velocidade. De acordo com Lopez (2022), "Julia oferece uma solução de elevado desempenho para a implementação de modelos de IA em cenários em que a eficiência computacional é crítica, como nas simulações científicas e no processamento em tempo real" (p. 102).

Contribuição para a inovação e o futuro da IA

Estas linguagens têm desempenhado um papel fundamental no avanço da IA, permitindo aos programadores criar soluções inovadoras que têm um impacto direto numa variedade de áreas. A sua contribuição para a inovação da IA manifesta-se na criação de aplicações que estão a mudar a forma como interagimos com a tecnologia e no surgimento de novos campos de investigação e aplicações práticas.

Python tem sido um motor de inovação no desenvolvimento de redes neuronais, processamento de linguagem natural (PLN) e visão computacional. Graças à sua compatibilidade com bibliotecas como PyTorch e OpenCV, Python tem permitido aos programadores implementar modelos avançados de PLN, resultando em avanços em tecnologias como os assistentes virtuais e a tradução automática. No domínio da visão por computador, Python facilita o desenvolvimento de algoritmos de reconhecimento facial e de objectos que são utilizados em aplicações de segurança, de retalho e de entretenimento (Russell & Norvig, 2021).

O R, por outro lado, tem impulsionado a inovação em áreas relacionadas com a ciência dos dados e a análise estatística. A capacidade do R para tratar dados complexos tem sido fundamental para o desenvolvimento de modelos de IA na investigação científica, em especial nos domínios da epidemiologia e da genética. De acordo com Patel (2022), "o R tornou-se um pilar da investigação científica, permitindo a construção de modelos precisos e escaláveis para a análise de dados complexos, especialmente nas ciências sociais e da saúde" (p. 134). Esta capacidade do R para modelar fenómenos complexos e trabalhar com dados em grande escala torna-o uma ferramenta de IA indispensável na investigação científica.

Julia está a emergir como uma linguagem ideal para a inovação em domínios em que o desempenho e a precisão são essenciais. Os avanços em áreas como a física quântica, a engenharia de materiais e a simulação computacional foram possíveis graças a Julia, que permite cálculos precisos em ambientes complexos. De acordo com Lopez (2022), "a capacidade de Julia para tratar grandes volumes de dados com uma eficiência excecional está a abrir novas oportunidades de inovação em domínios científicos que exigem um elevado desempenho computacional" (p. 106).

Futuro do desenvolvimento linguístico da IA

Tendências emergentes

A evolução das linguagens de programação para a inteligência artificial (IA) está a ser impulsionada pela procura crescente de aplicações inovadoras, eficientes e escaláveis. Esta tendência levou ao desenvolvimento de linguagens híbridas e de capacidades generativas avançadas, que se adaptam melhor às necessidades complexas do desenvolvimento da IA e do processamento de dados em tempo real.

Línguas híbridas

As linguagens híbridas estão a surgir como uma resposta às limitações dos paradigmas de programação tradicionais, combinando caraterísticas de diferentes abordagens para dar aos programadores mais flexibilidade e otimização nas suas aplicações. As linguagens híbridas permitem que os programadores implementem a IA e a análise de dados de uma forma mais ágil e personalizada. Um exemplo relevante é o Swift for TensorFlow, uma extensão da linguagem Swift da Apple, adaptada para trabalhar com o TensorFlow, uma estrutura de aprendizagem automática. A este respeito, Bengio (2020) comenta que "as linguagens híbridas como a Swift para TensorFlow permitem aos programadores combinar o controlo de baixo nível com o tratamento de dados de alto nível, facilitando o desenvolvimento de algoritmos de IA eficientes e de elevado desempenho" (p. 114).

Estas linguagens estão também a ajudar a reduzir a barreira entre o desenvolvimento de software e a investigação em IA. Linguagens como a Julia, concebidas para oferecer uma elevada eficiência computacional numérica, estão a ser adaptadas para incluir bibliotecas e quadros específicos de aprendizagem profunda, como o Flux.jl. De acordo com Smith (2022), "a capacidade de Julia para unificar a computação numérica intensiva com a aprendizagem automática através de bibliotecas especializadas representa um avanço significativo no desenvolvimento da IA" (p. 210).

Inteligência Artificial Generativa

A inteligência artificial generativa está a desempenhar um papel fundamental na criação de novos conteúdos, com base em padrões aprendidos a partir de grandes conjuntos de dados. Esta tecnologia foi revolucionada por modelos como o GPT (Generative Pre-trained Transformer), que são capazes de gerar texto, código e até imagens a partir das entradas fornecidas. Python tem sido a linguagem dominante no desenvolvimento destes modelos, graças à sua extensa biblioteca de aprendizagem automática e à sua capacidade de tratar grandes volumes de dados e otimizar modelos complexos de IA.

A importância destas linguagens na criação de modelos generativos está a aumentar. As estruturas baseadas em Python, como o Hugging Face Transformers, facilitaram a utilização e a personalização de modelos generativos, permitindo aos programadores adaptar modelos como o GPT-3 a aplicações específicas. De acordo com Lopez (2021), "modelos generativos como o GPT-3 estão a transformar a forma como interagimos com a informação e geram possibilidades anteriormente inimagináveis em campos como a automação e a criação de conteúdos" (p. 89). A flexibilidade de linguagens como Python neste domínio permite que as capacidades generativas avançadas sejam integradas em múltiplas aplicações comerciais e de investigação.

Integração com outras tecnologias

Colaboração com hardware especializado

Os recentes desenvolvimentos no domínio da IA também impulsionaram a necessidade de hardware especializado, como as GPU (unidades de processamento gráfico) e as TPU (unidades de processamento tensorial), que optimizam o processamento paralelo para a aprendizagem automática computacionalmente intensiva e as redes neuronais profundas. Para tirar o máximo partido deste hardware, as linguagens de programação estão a evoluir para oferecer uma integração mais fácil. A linguagem Python, em particular, ganhou destaque com bibliotecas como a CUDA e a PyTorch, que facilitam o acesso a GPU e TPU para o treino rápido de modelos de IA. Patel (2020) afirma que "a capacidade de integração com GPUs é fundamental no domínio da IA moderna, uma vez que permite treinar modelos complexos em tempos consideravelmente mais curtos" (p. 132).

Além disso, Julia fez avançar o campo ao permitir que os seus programas sejam executados nativamente em GPUs, o que é atrativo para aplicações científicas e académicas. A linguagem tem-se revelado particularmente útil para projectos que requerem simulações complexas ou cálculos numéricos de alta precisão, como os da astrofísica e da biomedicina. Segundo Brose (2021), "a integração de Julia com hardware especializado está a acelerar o tempo de desenvolvimento e a tornar viáveis projectos científicos complexos em ambientes de tempo real" (p. 74).

Utilização em ambientes distribuídos

A IA moderna requer não só hardware potente, mas também infra-estruturas de software que permitam uma implementação e implantação escaláveis. Linguagens como o Python estão a alargar as suas capacidades para facilitar a computação distribuída, permitindo que várias máquinas colaborem na resolução de problemas complexos e executem modelos de aprendizagem profunda na nuvem. Bibliotecas como Dask e Ray, desenvolvidas em Python, permitiram aos programadores gerir grandes volumes de dados e distribuir eficazmente o processamento de tarefas com utilização intensiva de recursos. De acordo com Eriksson (2021), "a utilização da computação distribuída na IA está a tornar-se um padrão para a formação de modelos de grande escala, permitindo aos programadores tirar partido da capacidade da nuvem para reduzir os tempos de processamento e escalar as suas soluções de IA de forma eficiente" (p. 95).

Esta evolução da computação distribuída também facilita a colaboração interdisciplinar e o trabalho remoto, uma vez que os programadores podem executar e treinar modelos a partir de diferentes localizações geográficas, utilizando plataformas de nuvem como o Google Cloud AI e o Amazon SageMaker. Este tipo de integração com tecnologias de nuvem expande as possibilidades de desenvolvimento e implementação de modelos de IA em sectores como os cuidados de saúde, as finanças e a educação.

Educação e formação

Aumentar o interesse académico

À medida que a IA se torna uma área central na investigação e na indústria, as universidades de todo o mundo estão a incorporar linguagens como Python, R e Julia nos seus programas académicos de ciência de dados e inteligência artificial. Estas linguagens tornaram-se ferramentas padrão para o ensino de conceitos avançados de estatística, aprendizagem automática e análise de dados em ambientes académicos. De acordo com Marti (2022), "Python e R destacam-se como linguagens de entrada nos cursos de ciência de dados, devido à sua acessibilidade e à vasta gama de bibliotecas disponíveis que simplificam a aprendizagem e a aplicação de modelos de IA" (p. 57). Esta abordagem permite aos estudantes e investigadores familiarizarem-se com as ferramentas mais utilizadas na indústria e na investigação.

A acessibilidade destas linguagens também promoveu a sua utilização no ensino em linha, com plataformas como a Coursera, a edX e a Khan Academy a oferecerem cursos gratuitos e pagos de Python, R e Julia orientados para a ciência dos dados e a inteligência artificial. Isto torna mais fácil para pessoas de diferentes disciplinas e níveis de experiência aprender e aplicar competências de IA de forma autodidata. Patel (2021) observa que "a acessibilidade de linguagens como Python e a disponibilidade de recursos de aprendizagem em linha democratizaram o acesso à aprendizagem automática e à IA, promovendo o crescimento de uma comunidade diversificada de programadores e investigadores" (p. 102).

Recursos acessíveis

A aprendizagem contínua é essencial num domínio tão dinâmico como a IA. A comunidade de programadores criou um vasto ecossistema de recursos, desde documentação detalhada a fóruns e tutoriais em linha, que facilita a aquisição de competências nestas linguagens. As bibliotecas Python, como o scikit-learn, o TensorFlow e o pandas, dispõem de uma vasta documentação, permitindo que estudantes e profissionais compreendam e apliquem algoritmos complexos com relativa facilidade. Além disso, as comunidades de código aberto no GitHub, Stack Overflow e Reddit funcionam como plataformas colaborativas onde os programadores podem partilhar soluções e melhorar continuamente as suas competências. De acordo com Lopez (2022), "as comunidades de código aberto criaram um ecossistema de apoio que facilita a aprendizagem de IA e permite aos programadores resolver problemas e adaptar as suas aplicações a novas tecnologias de forma rápida e eficiente" (p. 107).

Conclusão

A história do software e das linguagens de programação é, em muitos aspectos, uma história do progresso humano na compreensão e utilização de sistemas complexos. Desde os primeiros conceitos de numeração binária propostos por Pingala no século III a.C., o percurso até à criação da computação moderna tem sido uma sucessão de avanços intelectuais e técnicos que marcaram o desenvolvimento da sociedade. Pingala introduziu um sistema de representação que viria a ser formalizado por pensadores como Gottfried Wilhelm Leibniz, que, no século XVII, lançou as bases matemáticas do sistema binário moderno. A sua visão foi pioneira ao mostrar como os conceitos binários podiam representar informações complexas, o que lançou as bases para o processamento de dados por máquinas.

Com o tempo, os fundamentos matemáticos e lógicos que emergiram do trabalho de Leibniz, George Boole e outros pioneiros permitiram a criação de máquinas capazes de computação autónoma. Boole, em particular, forneceu um sistema lógico conhecido hoje como álgebra booleana, fundamental para o desenvolvimento de circuitos electrónicos e, eventualmente, de computadores. Este conhecimento foi aperfeiçoado no século XX por Alan Turing, que propôs a noção de uma "máquina universal" capaz de efetuar qualquer cálculo computável, o que foi decisivo para o desenvolvimento dos primeiros computadores e para o início da programação.

O aparecimento das primeiras linguagens de programação, como o FORTRAN, o COBOL e o BASIC, marcou uma nova era. O FORTRAN, desenvolvido na década de 1950, destacou-se por ser a primeira linguagem de alto nível amplamente adoptada, concebida para facilitar os cálculos científicos e matemáticos. O COBOL, por outro lado, surgiu com o objetivo de tornar a programação mais acessível ao sector empresarial, possibilitando a gestão eficiente dos dados empresariais. O BASIC, nascido na década de

1960, proporcionou uma interface de programação simples e acessível aos estudantes, democratizando a aprendizagem da programação e abrindo caminho para uma maior inclusão na informática.

Com o avanço da tecnologia, as linguagens de programação evoluíram para se adaptarem a ambientes e necessidades cada vez mais complexos. Com o aparecimento do Python e do R no contexto da ciência dos dados, e do Julia na área da computação numérica intensiva, as linguagens de programação começaram a especializar-se e a formar ecossistemas específicos para diferentes áreas. A versatilidade do Python e das suas bibliotecas, como o TensorFlow e o scikit-learn, tornaram-no uma ferramenta fundamental para o desenvolvimento de aplicações de inteligência artificial, análise de dados e aprendizagem automática, enquanto o R se estabeleceu como a linguagem de eleição no meio académico e estatístico, oferecendo ferramentas poderosas para a visualização e análise de dados.

Nos últimos anos, a integração de linguagens com tecnologias avançadas e o desenvolvimento de arquitecturas distribuídas levaram a programação a novas fronteiras, impulsionando aplicações de IA em grande escala e optimizando a colaboração entre hardware e software. O aparecimento de linguagens híbridas, a utilização da computação em nuvem e o desenvolvimento da IA generativa facilitaram a criação de aplicações capazes de automatizar processos, interagir com os utilizadores de forma natural e aprender com os dados em tempo real, o que promete revolucionar sectores como a educação, a medicina e a investigação científica.

Em conclusão, o percurso desde os conceitos de representação binária até às modernas linguagens de IA reflecte não só um avanço tecnológico, mas também uma mudança na forma como a humanidade interage com a informação e com as suas próprias criações. As linguagens de programação evoluíram de ferramentas computacionais básicas para sistemas complexos que modelam e prevêem o comportamento no mundo real, com aplicações que continuam a expandir-se todos os dias. Compreender esta evolução é essencial para apreciar o papel do software na sociedade moderna, um papel que continuará a crescer à medida que as linguagens de programação e as tecnologias associadas continuarem a adaptar-se às necessidades em mudança do mundo.

Bibliografia

Abelson, H., & Sussman, G. (1996). *Structure and Interpretation of Computer Programs.* Cambridge: MIT Press.

Aho, A., Lam, M., Ravi, S., & Ullman, J. (2006). *Compilers: Principles, Techniques, and Tools.* Boston: Pearson.

Aspray, W. (1990). *John von Neumann and the Origins of Modern Computing.* Cambridge: MIT Press.

Backus, J. (1978). Can Programming Be Liberated from the von Neumann Style? Um estilo funcional e a sua álgebra de programas. *Communications of the ACM,* 613-641.

Baecker, R., & Buxton, W. (1987). *Readings in Human-Computer Interaction: A Multidisciplinary Approach.* São Francisco: Morgan Kaufmann.

Beckerman, A., & Petchey, O. (2012). *Getting Started with R: An Introduction for Biologists [Introdução ao R: Uma Introdução para Biólogos].* Oxford: Oxford University Press.

Bengio, Y. (2020). *Estruturas de aprendizagem profunda e linguagens híbridas.* MIT Press.

Benson, C., & Jones, M. (2017). *Redes neurais com ruby-fann.* Apress.

Bezanson, J., Karpinski, S., Shah, V. B., & Edelman, A. (2017). Julia: uma nova abordagem para a computação numérica. *SIAM Review,* 65-98.

Bird, R., & Wadler, P. (1988). *Introdução à Programação Funcional.* Prentice Hall.

Bird, S., Klein, E., & Loper, E. (2009). *Natural Language Processing with Python.* O'Reilly Media.

Booch, G. (2007). *Object-Oriented Analysis and Design with Applications.* Addison-Wesley.

Boucher, L. (2021). *O futuro da programação em IA.* O'Reilly Media.

Brooks, T., & Patel, R. (2022). *Ciência de dados e logística: otimizando a cadeia de suprimentos com IA e programação.* Springer.

Brookshear, G. (2018). *Ciência da computação: uma visão geral.* Harlow: Pearson.

Brookshear, G., & Brylow, D. (2014). *Ciência da Computação: uma visão geral.* Harlow: Pearson.

Brose, D. (2021). *Computação científica avançada com Julia.* Springer.

Brose, D. (2021). *Statistical Computing with R: A Comprehensive Guide.* MIT Press.

Burton, T. (2018). *A história do COBOL: uma linguagem de negócios que resiste ao teste do tempo.* Nova Iorque: Historical Press.

Carson, E. (2020). *JavaScript para automação da Web.* Imprensa sem amido.

Ceruzzi, P. (2003). *A History of Modern Computing (Uma História da Computação Moderna).* Cambridge: MIT Press.

Ceruzzi, P. (2012). *Computing: A Concise History [Computação: uma história concisa].* Cambridge: MIT Press.

Chollet, F. (2018). *Aprendizagem profunda com Python.* Publicações Manning.

Clements, J. (2013). *The Little Schemer.* Cambridge: MIT Press.

Couturat, L. (1903). *La logique de Leibniz d'après des documents inédits.* Paris: Alcan.

Dijkstra, E. (1972). *Notes on Structured Programming.* Nova Iorque: Academic Press.

Edelman, A. (2018). *O poder de Julia para computação técnica de alto desempenho.* Cambridge: MIT Press.

Eriksson, H. (2021). *Aprendizado de máquina distribuído na prática.* Packt Publishing.

Eriksson, H. (2021). *High-Performance Computing with Julia (Computação de alto desempenho com Julia).* Packt Publishing.

Evans, C. (2011). *The Making of BASIC: An Educational Milestone [A Criação do BASIC: Um Marco Educacional].* Londres: Edutech Press.

Flanagan, D. (2020). *JavaScript: O Guia Definitivo.* O'Reilly Media.

Forouzan, B. (2013). *Data Communications and Networking (Comunicações de dados e redes).* Nova Iorque: McGraw-Hill Education.

Fowler, M. (2004). *UML Distilled: A Brief Guide to the Standard Object Modeling Language.* Boston: Addison-Wesley.

Franco, A. (2008). Um mais um são dez: recursos didácticos para o ensino e aprendizagem dos números binários no ensino secundário. *Educación Matemática*, 103-120.

Gamma, E., Helm, R., Johnson, R., & Vlissides, J. (1994). *Design Patterns: Elements of Reusable Object-Oriented Software.* Addison-Wesley.

Géron, A. (2019). *Aprendizado de máquina prático com Scikit-Learn, Keras e TensorFlow.* O'Reilly Media.

Ghezzi, C., & Jazayeri, M. (1997). *Conceitos de Linguagem de Programação.* Nova Iorque,: John Wiley & Sons.

Ghezzi, C., Jazayeri, M., & Mandrioli, D. (2002). *Fundamentals of Software Engineering.* Prentice Hall.

Gonzalez, R., & Woods, R. (2018). *Processamento de imagem digital* . Nova Iorque: Pearson.

Gregory, J. (2014). *Arquitetura de motores de jogos.* Boca Raton: CRC Press.

Grus, J. (2019). *Ciência de dados do zero: primeiros princípios com Python.* O'Reilly Media.

Hennessy, J., & Patterson, D. (2012). *Arquitetura de computadores: uma abordagem quantitativa.* Waltham: Morgan Kaufmann.

Horstmann, C., & Cornell, G. (2013). *Core Java Volume I--Fundamentals.* Prentice Hall.

Hudak, P. (1989). Conceção, evolução e aplicação de linguagens de programação funcionais.

Hughes, J. (1990). *Porque é que a programação funcional é importante.* Universidade de Glasgow.

Hunter, J. (2020). *Ruby para IA e ciência de dados.* Imprensa sem amido.

Ifrah, G. (2001). *The Universal History of Numbers: From Prehistory to the Invention of the Computer (A história universal dos números: da pré-história à invenção do computador).* Nova Iorque: John Wiley & Sons.

Innes, M., Saba, E., Fischer, K., Gandhi, D., Rudilosso, M., Joy, N., & Rackauckas, C. (2018). Flux.jl - Uma biblioteca de aprendizado de máquina para Julia. *Jornal de Software de Código Aberto*, 602.

Jimenez, J. (2008). *Matematicas para la Computacion* . Alfaomega.

Johnson, M. (2021). *Programming Across Borders: The Power of Interoperability.* Pragmatic Bookshelf.

Joseph, G. G. (2000). *The Crest of the Peacock: Non-European Roots of Mathematics (A crista do pavão: raízes não europeias da matemática).* Princeton: Princeton University Press.

Kabacoff, R. I. (2015). *R em ação: análise de dados e gráficos com R.* Shelter Island: Manning Publications.

Kleppmann, M. (2017). *Projetando aplicativos com uso intensivo de dados.* O'Reilly Media.

Knuth, D. (1997). *The Art of Computer Programming, Volume 1: Fundamental Algorithms.* Addison-Wesley.

Knuth, D. E. (1997). *The Art of Computer Programming: Volume 1: Fundamental Algorithms.* Boston: Addison-Wesley.

Kuhn, M., & Johnson, K. (2013). *Applied Predictive Modeling.* Nova Iorque: Springer.

Lambert, D. (2015). *Gestão da cadeia de suprimentos: processos, parcerias, desempenho.* Ponte Vedra Beach: Instituto de Gestão da Cadeia de Abastecimento.

Larman, C. (2001). *Applying UML and Patterns: An Introduction to Object-Oriented Analysis and Design and Iterative Development.* Prentice Hall.

Lee, J., & Widmaier, P. (2009). *The Computer Pioneers: COBOL and the Beginnings of Modern Programming [Os pioneiros da computação: COBOL e o início da programação moderna].* Chicago: University of Chicago Press.

Lee, T. (2018). *Paradigmas de programação e a evolução do design de software.* Boston: MIT Press.

Leibniz, G. W. (1703). *Explication de l'Arithmétique Binaire.* Paris: Journal des Sçavans.

Lewis, R. (2022). *Desenvolvimento de IA multilíngue: Integrando Python, R e mais para aprendizado de máquina.* Apress.

López, A. (2022). *Computação numérica avançada com Julia.* Springer.

López, A. (2022). *Código aberto e desenvolvimento de IA orientado para a comunidade.* O'Reilly Media.

Lutz, M. (2013). *Aprendendo Python.* O'Reilly Media.

Marti, R. (2022). *Python para ciência de dados e aprendizado de máquina.* Pearson.

Marti, R. (2022). *Python e aprendizagem automática: dos dados à inteligência.* O'Reilly Media.

Martin, D., & Yost, S. (2020). *Aprendizagem automática de máquinas: conceitos e aplicações.* Addison-Wesley.

Matsumoto, Y. (2014). *Ruby: O melhor amigo de um programador.* Addison-Wesley.

McCracken, D. (1961). *A Guide to Fortran Programming.* Nova Iorque: John Wiley & Sons.

McKinney, W. (2017). *Python para análise de dados: manipulação de dados com Pandas, NumPy e IPython.* O'Reilly Media.

McMillan, R. (2006). *The Business of Programming: The Story of COBOL.* Nova Iorque: Business Heritage Books.

Morris, M., & Ma, A. (2015). *Design digital: princípios e práticas.* Upper Saddle River: Pearson.

Müller, A., & Guido, S. (2016). *Introdução ao aprendizado de máquina com Python: Um Guia para Cientistas de Dados.* O'Reilly Media.

Muller, J. (2020). *Concurrent Programming: Concepts and Techniques for Software Development.* Nova Iorque: Wiley.

Murray, C. (2013). *From Dartmouth to the World: The Story of BASIC and the Rise of Educational Computing [De Dartmouth para o Mundo: A História do BASIC e a Ascensão da Informática Educativa].* Nova Iorque: Educational Insights.

Odersky, M. (2004). *Programação em Scala.* Artima Inc.

Patel, S. (2021). *IA e educação em ciência de dados na era digital.* Springer.

Patel, S. (2022). *Inovações em ciência de dados: R para pesquisa científica e aplicações.* Springer.

Patterson, D., & Hennessy, J. (2013). *Organização e Design de Computadores: A Interface Hardware/Software.* Amesterdão: Morgan Kaufmann.

Patterson, D., & Hennessy, J. (2013). *Organização e Design de Computadores: A Interface Hardware/Software.* Amesterdão: Morgan Kaufmann.

Pedregosa, F., & al, e. (2011). Scikit-learn: Machine Learning in Python. *ournal of Machine Learning Research*, 2825-2830.

Perkel, J. M. (2019). Julia: Venha para a sintaxe, fique para a velocidade. *Nature*, 137-138.

Petzold, C. (2016). *Código: A linguagem oculta do hardware e do software do computador.* Redmond: Microsoft Press.

Pollock, S. (2021). *Inteligência Artificial com JavaScript.* Publicações Manning.

Pressman, R. (2014). *Engenharia de software: uma abordagem prática.* Nova Iorque: McGraw-Hill.

Rackauckas, C., & al., e. (2020). *High-Performance Computing in Julia for Scientific Research [Computação de alto desempenho em Julia para investigação científica].* Cambridge: MIT Press.

Rommel, T. (2019). *Ciência de dados com SciRuby: um guia para desenvolvedores de Ruby.* Packt Publishing.

Rossum, G. V. (2003). *The Python Language Reference Manual.* Bristol: Network Theory Ltd.

Rossum, G. V. (2020). *A referência da linguagem Python.* Fundação de Software Python.

Russell, B. (1945). *A History of Western Philosophy.* Nova Iorque: Simon & Schuster.

Russell, S., & Norvig, P. (2021). *Inteligência Artificial: Uma Abordagem Moderna.* Pearson.

Sammet, J. (1981). *Programming Languages: History and Fundamentals.* Englewood Cliffs: Prentice-Hall.

Sarma, K. (2000). *Science in Ancient India: Contribution of India's Astronomers and Mathematicians (Ciência na Índia Antiga: Contribuição dos Astrónomos e Matemáticos da Índia).* Nova Deli: National Book Trust.

Scott, M. (2009). *Programming Language Pragmatics.* Burlington: Kaufmann.

Scott, M. (2019). *Pragmática da linguagem de programação.* Cambridge: MIT Press.

Sebesta, R. (2016). *Conceitos de Linguagens de Programação.* Harlow: Pearson.

Sefcik, J. (2019). *Aprendizagem profunda com JavaScript.* Springer.

Shannon, C. (1937). *A Symbolic Analysis of Relay and Switching Circuits (tese de mestrado).* Cambridge: Massachusetts Institute of Technology.

Stallings, W. (2015). *Organização e Arquitetura de Computadores: Designing for Performance.* Harlow: Pearson.

Stroustrup, B. (2013). *A linguagem de programação C++.* Addison-Wesley.

Syme, D., Granicz, A., & Cisternino, A. (2012). *Expert F# 3.0.* Apress.

Tanenbaum, A. (2013). *Organização estruturada de computadores.* Boston: Pearson.

Tedre, M. (2015). *A ciência da computação: dando forma a uma disciplina.* Boca Raton: CRC Press.

Thompson, R. (2019). *Programar para o futuro: um guia para as línguas modernas.* Inovações tecnológicas.

Tucker, A. (2004). *Computer Science Handbook.* Boca Raton: CRC Press.

Wadler, P. (1992). A essência da programação funcional. *Actas do 19º Simpósio ACM SIGPLAN-SIGACT sobre Princípios de Linguagens de Programação.*

Wegner, P. (2014). *Estruturas de dados e técnica de programação.* Addison-Wesley.

Weik, M. (2000). *A Survey of Domestic and Foreign Applications of COBOL.* Los Angeles: Technology Survey Press.

Williams, F. C., & Kilburn, T. (1951). *A Storage System for Use with Binary-Digital Computing Machines.* Manchester: University of Manchester Press.

Williams, K. (2018). *Brain.js: um guia para redes neurais em JavaScript.* Pragmatic Bookshelf.

Williams, S. (2019). *Automação com Python: Aplicações em finanças e não só.* Publicações Manning.

Williams, S. (2020). *Compreender a ciência da computação para o nível avançado.* Londres: Homas Nelson & Sons.

Wing, J. (2016). *Sistemas de gestão de tráfego: Evolution and Implementation.* Londres: Springer.

Zelle, J. (2017). *Programação Python: uma introdução à ciência da computação.* Portland: Franklin, Beedle & Associates Inc.

Printed by Books on Demand GmbH, Norderstedt / Germany